Das Prinzip von

Q'uo

Bündnisbotschaften
2015

Copyright © 2017

Das Gesetz des Einen-Verlag (Deutschland) /
Maison d'édition *La Loi Une* (Allemagne)
Jochen Blumenthal
Bessemerstr. 82, 10. OG Süd, 12103 Berlin
www.dasgesetzdeseinen.de

ISBN: 978-3-945871-26-3

Widmung

In Liebe und in Dankbarkeit

widmen wir dieses Buch

Carla Lisbeth Rückert

(1943-2015)

Inhalt

Vorwort

Q'uo – das sind die drei außerirdischen Zivilisationen Hatonn, Latwii und Ra, die bereits früher oder seit langem durch die Channeling-Gruppe L/L Research gesprochen haben bzw. sprechen.

Gegründet hat diese Initiative der Wissenschaftler Don Elkins schon in den späten 1950er Jahren. Bis heute sprechen außerirdische Wesen durch die ausgebildeten Gruppenmitglieder. Nach einer vierjährigen Pause, die mit dem Ableben von Carla L. Rückert, die im Ra-Kontakt als Instrument diente, endete, begann der Kontakt mit der Q'uo-Gruppe wieder im Herbst 2015.

Im zweiwöchentlichen Rhythmus treffen sich die Gruppenmitglieder bei L/L Research und stellen eine neue Frage. Dabei werden natürlich auch Einsendungen von Leserinnen und Lesern berücksichtigt.

Und dies ist ihre Einladung an uns, an Sie, an dich, ganz persönlich, die wir annehmen können, wenn wir möchten, und von der wir frei sind, so viel davon anzunehmen, wie wir möchten. Nicht mehr und nicht weniger.

Vor allem aber ist es eine Einladung, den Kontakt aufzugreifen, die Hand anzunehmen und mit komischer Hilfe und Unterstützung diese Zeiten gemeinsam zu durchstehen.

In Liebe und Licht

Jochen Blumenthal

(*Das Gesetz des Einen*-Verlag)

Botschaft vom 19. September 2015

[01]**Gruppenfrage:** Wir würden gerne wissen, wie man feststellen kann, wo sich das innere Licht, das unser Geburtsrecht im violetten Strahl ist, mit der intelligenten Energie des Logos trifft, die unser tägliches Geschenk an Energie ist, das von unserem Wurzelchakra aus hereinkommt, durch unsere Füße und durch den Unterleib; wie können wir feststellen, wo dieser Treffpunkt ist?

(empfangen von Jim)

[02]**Q'uo:** Ich bin Q'uo und grüße euch in Liebe und in Licht, meine Freundinnen und Freunde. Wir sind glücklich, bei diesem Instrument und dieser Gruppe zu sein, denn es ist, was ihr eine Weile her nennen würdet, seitdem wir die Freude hatten, zu dieser Gruppe zu sprechen und es ist eine Ehre für uns, dies zu tun. Wie immer, bitten wir um einen Gefallen von euch, wie ihr unseren Worten zuhört, und der ist, dass ihr eure eigene Unterscheidungskraft zu jeder Zeit bei jedem Wort verwendet, sodass, falls irgendein Wort für euch nicht wahr klingt, ihr es ohne einen zweiten Gedanken hinter euch lasst, denn wir würden uns nicht wünschen, ein Hindernis auf eurer Reise der Suche zu sein. Wenn ihr uns diesen Gefallen tun möchtet, wird uns dies sehr dabei helfen, unsere Meinungen mit euch zu teilen – und wir unterstreichen Meinungen, denn wir sind keine unfehlbaren Quellen von Information, aber was wir zu teilen haben, teilen wir frei und froh.

[03]Ihr fragt heute, wie es für Suchende der Wahrheit möglich ist, festzustellen, auf welcher Ebene die Suche stattfindet, wie [sie] in euren Energiezentren – oder dem Chakra-System – aufgezeichnet [wird], als ein Mittel, um damit die einströmende Energie des Logos zu modulieren[1] und zu beschleunigen, die sich auf magnetische Art und Weise durch die Südpole eures Energiefeldes bewegt, und danach strebt, sich mit diesem Geburtsrecht zu vereinen, welches jeder im Chakra des violetten Strahls hat; der leitende Stern des Selbst, würden wir sagen. Jeder von euch, wie ihr euch durch eure tägliche Runde an Aktivitäten bewegt, erlebt verschiedene Arten von Katalyst[2]. Der Katalyst wird so genannt, weil er euch ermöglicht, von diesen Interaktionen [3]mit Anderen das zusammenzutragen, was für euch in eurer eigenen Reise der Suche von Wert ist.

[04]Für alle [spirituell] Suchenden gibt es viele solcher Interaktionen in der eigenen, täglichen Runde an Aktivitäten. Falls ihr diese Interaktionen auf ihre Fähigkeit hin analysieren möchtet, eure Reise der Suche zu unterstützen, [dann] ist es gut, einen Teil jeder Tagesperiode am Ende des Tages dafür zu reservieren, in den meditativen Zustand einzutreten und zu untersuchen, was für euch innerhalb dieses Tages passiert ist – auf eine Art von Interaktion, die euch vom Mitgefühl und der Erkenntnis wegbewegt hat, welche das Ziel von Suchenden der Wahrheit sind. Falls ihr euch auf die eine oder andere bestimmte Art [emotional] bewegt gefühlt habt, dann könnt ihr euch diese Bewegung, die euch, sagen wir, aus eurem Zentrum des Selbst gebracht hat,

---

[1] anpassen, einstellen oder regulieren

[2] [spirituelles Wachstum] auslösende Momente, „Brennstoff", „Zündstoff" oder „Brandbeschleuniger" für Erfahrung

[3] (Wechsel-)Beziehung, Zusammenspiel, Kommunikation

anschauen und dieser Bewegung ein bestimmtes Energiezentrum zuordnen, welches, sagen wir, der Heimatboden oder die Bastion dieser bestimmten Art von Energieaufwendung ist.

⁰⁵Zu diesem Zeitpunkt werden wir diesen Kontakt zu demjenigen, der als Steve bekannt ist, transferieren. Ich bin bekannt als Q'uo.

(empfangen von Steve)

⁰⁶Ich bin Q'uo und wir sprechen nun durch dieses Instrument. Wir würden gerne beginnen, indem wir diesem Instrument danken, dass es uns im Namen des Einen Schöpfers und entlang des Weges des Dienstes an Anderen herausgefordert hat, denn unsere Erkenntnis ist, dass es viele Stimmen im Universum gibt; es ist ein Universum voller geistiger Wesen von jeder Beschreibung, von denen nicht alle in der Weise suchen, in der jene dieser Gruppe es tun. Damit der Kontakt den Charakter tragen mag, den ihr zu haben wünscht, ist es wichtig, Unterscheidungsvermögen auf vielen verschiedenen Ebenen anzuwenden, vor allem aber hinsichtlich der Frage des offenen Herzens. Diejenigen, die mit einem offenen Herzen suchen, mein Freund, sind jene, die in der Weise suchen, in der wir dies tun, und wir sind dankbar für euer Suchen [und Streben], denn es hilft uns dabei, die Art von Dienst zu geben, dessen Zurverfügungstellung unser Rufen ist.

⁰⁷Die Frage der Energiezentren gehört in der Tat für diejenigen der dritten Dichte, die sich gern in der Art von spiritueller Arbeit, die am besten in Meditation gemacht werden kann, betätigen möchten, mit zu den zentralsten. Die Energiezentren können in dem Sinne mit einem Musikinstrument verglichen werden, dass die verschiedenen Energiezentren jedes zum Ganzen beitragen, indem sie einen Ton liefern, könnte man sagen, der, wenn er gut gespielt wird, einen harmonischen Ausdruck des spirituellen Wesens zur Verfügung stellt. Deshalb ist, während es wahr ist, dass es eine hierarchische Struktur der Energiezentren gibt, es auch wahr, dass in einem gut [ein]gestimmten Wesen alle Zentren gleichzeitig [zum Ganzen] beitragen. Und so würden wir davor warnen zu versuchen, einfach das Höchste der Energiezentren, in euren Meditationen, zu besetzen, von dem ihr empfindet, dass es euch zugänglich ist, auf Kosten der unteren Energiezentren, die, möchten wir betonen, immer noch einen wichtigen Teil eures Wesens bilden und tatsächlich der grundlegendere Teil eures Energiesystems sind.

⁰⁸Falls wir also beginnen dürfen, indem wir uns das Energiezentrum des roten Strahls anschauen, wie wir es genannt haben, welches ihr an der Basis eurer Wirbelsäule finden könnt. Dies ist das Zentrum, an dem Energie als erstes in den ätherischeren Körper hinein aufgenommen wird, und während Arbeit einer individuelleren oder spezielleren Art nicht auf der Ebene des roten Strahls ausgeführt werden kann, ist es dennoch wichtig zu beachten, dieses Energiezentrum offen zu haben, denn es gibt dem ganzen System die Infusion von Energie, die von unten hereinkommt. Die Faktoren, die dazu neigen, den roten Strahl abzusperren, sind jene von Angst, jene von übermäßiger Wut, jene von übermäßiger Lust. Solche Faktoren können das Energiesystem so überwältigen, dass keine weitere Arbeit bedeutungsvoll getan werden kann, während sie anhalten. Deshalb ist eine helle und fröhliche Einstellung zu spiritueller Arbeit, der, wie wir es nennen können, beste Anfang.

⁰⁹Nun, mit solch einer Einstellung in Kraft mag man sich entlang des Systems von Energiezentren hochbewegen, zu dem Strahl, den wir den orangen genannt haben, und dort finden wir, dass die Einstellungen, die man anderen Selbsten, mit denen man in einer

persönlichen Beziehung steht, gegenüber hat, zentral für dieses Energiezentrum sind. Und auch die Bedeutung von Selbst, die man für sich selbst unterhält, ist ein wichtiger Faktor für das Umgehen mit der Einnahme von Energie auf dieser Ebene. Blockaden können bei diesem Zentrum auftreten, wenn Schwierigkeiten entdeckt werden, entweder in der Beziehung des Selbst zu sich selbst oder in der Beziehung des Selbst zu einem anderen. Falls diese Blockaden auftreten, dann ist es gut, nicht zu versuchen nach oben zu gehen, denn dies zu tun wird bedeuten, dass man mit höheren Energien auf eine Weise arbeitet, die auf einer Ebene unterhalb ihrer eigenen Sphäre verzerrt ist, und es ist nicht möglich, diese Ungleichgewichte zu korrigieren, während man sich in der Konfiguration des höheren Energiezentrums befindet. Deshalb wird, während es zum Beispiel sehr wünschenswert für den Suchenden erscheinen mag, Arbeit im Zentrum des blauen Strahls oder des Indigo-Strahls in Meditation zu verrichten, diese Arbeit nicht wirksam sein, bis die Klärung der unteren Energiezentren erreicht wurde. Wenn man Freude in Beziehung zu Anderen aus seinem unmittelbaren Umfeld empfindet, wenn man darin Freude empfindet, zu sein, wer man ist, dann kann man die Anstrengung unternehmen, um sich höher in der Kette von Energiezentren zu bewegen, und Arbeit innerhalb des gelben Strahlzentrums von Aktivität unternehmen.

[10]Das Aktivitätszentrum des gelben Strahls ist dasjenige Zentrum, in dem gesellschaftliche Handlungen unternommen werden können, und jede Person in diesem Kreis der Suche hat ein hochgradig ausformuliertes gesellschaftliches Selbst und eine hochgradig komplexe Zusammenstellung an gesellschaftlichen Beziehungen, die die Art, wie die Energien für jeden individuell konfiguriert werden, situieren. Dies kann ein sehr intensives und kompliziertes System an Studien begründen. Es ist nicht so, dass wir andeuten möchten, dass dieses Studiensystem bei jeder Sitzung erschöpfend abgeschlossen werden muss, aber man tut gut daran, klar zu sein, so dass man nicht die Effekte von schlummernder Unstimmigkeit im dritten – oder gelben – Energiezentrum mit sich trägt, bevor man versucht, sich auf der Leiter nach oben zu bewegen, sozusagen.

[11]Die prinzipielle Anstrengung, die typisch für dritte-Dichte-Meditationsarbeit ist, ist das Öffnen des Herzchakras – oder des grüner-Strahl-Energiezentrums – denn nur wenn dieses Zentrum geöffnet ist, kann Arbeit in den höheren Zentren auf eine Weise verrichtet werden, die die Polarität, die wir Dienst an Anderen genannt haben, widerspiegelt.

[12]Um sicher zu gehen: Es gibt jene innerhalb eurer Dichte, die eine andere Polarität gewählt haben; die Polarität, die das ist, was wir Dienst am Selbst genannt haben. Diejenigen, die auf diese Weise funktionieren, in dem sie in erster Linie dem Selbst dienen, sind jene, die sich vor dem Öffnen des Herzzentrums sträuben, da sie finden, dass es töricht ist, dort zu verweilen, denn es erscheint jenen, die diese Polarität gewählt haben, so, als ob man die Autorität oder die Macht über sein Wesen weggeben würde.

[13]Nun, es mag demjenigen, dessen Sinn von Selbst so ist, so erscheinen, dass es eine Art von rotierendem Muster erzeugt, das sich vom Zentrum des gelben Strahls zurück hinunter zum Zentrum des orangen Strahls bewegt, zurück hoch durch den gelben, und so weiter, und so weiter, und so weiter. Wir pausieren, um euch auf diese Konfiguration aufmerksam zu machen, nicht weil wir empfinden, dass sich jemand innerhalb dieses Kreises der Suche tatsächlich in die Richtung von Dienst am Selbst polarisiert, aber wir stellen fest, dass das Energiemuster, das typisch für diese Konfiguration ist, zu einem gewissen Grad in Vielen, wenn nicht allen, die in

eurer Dichte suchen, anhält, und deshalb ist es gut, sich dieses Musters bewusst zu sein, und es ist gut, sich darüber bewusst zu sein, dass dies ein Muster ist, welches man durchdringt, um Zugang zur Öffnung des Herzzentrums zu gewinnen.

[14]Mit dem offenen Herzen blickt man, zum ersten Mal, mit neuen Augen auf die Schöpfung, mit Augen der Unschuld und Freude. Mit dieser Energie mag man beginnen, einen Sprungbrett-Versuch in die höheren Energiezentren zu machen. Die Gefahr – über die sich einige bewusst geworden sind – eines Versuches, die höheren Energiezentren ohne eine volle Einsetzung [4]des Herzzentrums zu öffnen, liegt darin, dass man eine Polarität einer anderen Art als der gewünschten in diese Zentren hineinträgt, und falls die gewählte Polarität nicht vollständig mit sich selbst übereinstimmt, kann ein Ungleichgewicht von bedeutenden Ausmaßen das Ergebnis sein.

[15]Als eine Konsequenz dieses Gedankens würden wir die Warnung aussprechen, dass es immer gut ist, an der Arbeit zu arbeiten, die einem zu tun gegeben wird, und die Meditation nicht basierend darauf als besser oder schlechter zu beurteilen, wie hoch man empfindet, in der hierarchischen Zusammenstellung von Energien gekommen zu sein. Falls einem die eigene tägliche Zuteilung eine Störung aus dem orangen Strahl gegeben hat, [dann] ist [es] dort, wo es gut ist, seine Anstrengungen zu fokussieren. Falls die Störung den Charakter hat, den man in komplizierten, sozialen Arrangements finden kann, die typisch für Aktivität im dritten – oder gelben – Strahl sind, ist es gut, die eigenen Ausgleichsanstrengungen in diesem Strahl zu konzentrieren. Dadurch verrichtet man die Arbeit der Erschaffung des Weges zum offenen Herzen.

[16]Nicht jede Meditation, meine Freundinnen und Freunde, wird eine glorreiche sein. Nicht jede Meditation wird eine von reiner Freude sein, aber vieles der Arbeit, die in Meditation getan wird, deckt den Tisch, sozusagen, für das kommende Festmahl, und wir empfehlen euch die Tätigkeit des Verrichtens der Arbeit, die Voraussetzung ist für die heiligere Arbeit, wie wir sie nennen können, die mit dem blauen Strahl beginnt und sich in den Indigo-Strahl hinein bewegt, wenn sie ihre vollere Höhe erreicht.

[17]Der Indigo-Strahl des spirituell Suchenden verkörpert die höchsten Bestrebungen, die dieser Suchende erreichen kann. Der Indigo-Strahl ist der Ort der heiligen Arbeit, die verrichtet wird, indem man die Kraft und die Anwesenheit des Schöpfers anruft; eine Art von ziehender Energie, wenn wir so sagen dürfen, die von oben hinunterreicht und eine Inspiration und eine Einladung für das Hinaufreichen der Energien, die von unten kommen, begründet.

[18]Im Indigo-Strahl steht ein großartiges Gefühl der Segnung zur Verfügung. Man kann recht berauscht werden von diesem Gefühl von Segnung. Unter euch Menschen ist es nicht unbekannt, dass ernsthafte spirituell Suchende Erfahrungen erleben, in denen sie zum Indigo-Strahl durchbrechen und sich von der Pracht der Energie überwältigt fühlen, die es dort zu entdecken gibt. Bei solchen Gelegenheiten findet ihr jene, die empfinden, dass sie sich nun mit der Botschaft auf den Weg machen können, die einzig sie einer strauchelnden Menschheit bringen können.

---

[4] im Original: Investitur

[19]Aber wir schlagen euch vor, dass wenn dies passiert, ist es oft der Fall, dass eine vorzeitige Schlussfolgerung gezogen wird, mit dem Effekt, dass eine Nachricht einer speziell begrenzten Art die Wahrheit ist, die vermittelt werden soll, und wir würden vorschlagen, dass die Begrenzungen der Nachricht oft die bestimmten Eigenschaften dieses einzelnen Suchenden widerspiegeln, welche Arbeit, die unverrichtet geblieben ist, in den unteren Energiezentren beinhalten.

[20]Und so würden wir vorschlagen, dass die Frage der Erhöhung der Aktivierung eines Energiezentrums, für werdende Suchende, nicht die einzige Frage ist, die es anzusprechen gilt, sondern vielmehr ist die Beschäftigung im Vorgang des Ausgleichens aller Energiezentren in Beziehung zueinander von gleicher Bedeutung und steigender Wichtigkeit. Dies erfordert immer wieder zurück hinunter zu den niedrigsten zu gehen und sich zurück nach oben zu den höchsten zu bewegen, und zurück nach unten zu gehen und sich wieder nach oben zu bewegen, und zurück nach unten zu gehen, so dass man lernt, dieses Tongedicht zu spielen, welches das Energiesystem ist, mit mehr und mehr Können, und mehr und mehr Klarheit, und mehr und mehr Hingabe daran, der höchste und der beste und der klarste Kanal für die Energien zu sein, deren Vermittlung durch die verschiedenen Ausdrucksformen des Selbst das eigene Privileg ist.

[21]Wir sind diejenigen von Q'uo und wir danken diesem Instrument für seine Bereitschaft zu dienen, und zu diesem Zeitpunkt würden wir den Kontakt an denjenigen, der als Jim bekannt ist, übergeben.

(empfangen von Jim)

[22]Ich bin Q'uo und ich bin wieder bei diesem Instrument. Wir danken demjenigen, der als Steve bekannt ist, für seinen Dienst, indem er uns diesen Nachmittag erlaubt hat, zum Punkt dieser Frage zu sprechen. Noch einmal, meine Freunde, ihr seid der Lenker eurer eigenen Reise, während ihr die Energiezentren untersucht, die von eurer täglichen Runde an Aktivitäten beeinflusst werden. Schaut dann auf jene, wo Blockaden gefunden werden, versucht, jede Blockade mit ihrem Gegenteil auszugleichen, sodass ihr eine Ebenheit des Flusses finden könnt, wo vorher eine Energie war, die in ihrer Bewegung aufwärts angehalten war, und auf diese Weise mögt ihr feststellen, worauf euer Aufmerksamkeitsfokus gelegt werden sollte.

[23]Es ist die Reise einer Lebenszeit, jedes aufeinanderfolgende Energiezentrum zu deblockieren, sodass sich das weiße Licht des einen Schöpfers ungehindert durch jedes Energiezentrum bewegt und die über Reise hindurch weiß bleibt. Empfindet jedoch nicht, dass ihr in irgendeiner Weise versagt habt, falls es eine Färbung eures Lichts gibt, denn dies ist, warum ihr inkarniert seid. Es ist notwendig, sich im Lernen von verschiedenen Lektionen im Gesamtplan einer Seelenevolution zu betätigen. Und Lektionen werden gelernt, indem man entdeckt, wo es eine Blockade in den übergreifenden Energiemustern eines Individuums gibt, und diese so in den inkarnativen Lebens-Stream hinein programmiert, dass Aufmerksamkeit auf sie gelegt werden kann, und Energien gerichtet, um jedes Zentrum ins Gleichgewicht zu bringen und zu reinigen.

[24]Zu diesem Zeitpunkt würden wir fragen, ob es eine weitere Frage über diesen Punkt gibt, bevor wir um weitere Fragen bitten. Wir sind diejenigen von Q'uo.

[25]**Gary:** Q'uo, falls der Fragesteller keine Nachfrage hat, habe ich eine Frage, die in Beziehung mit der Hauptfrage steht. In Sitzung 74 von *Das Gesetz des Einen* sagt Ra: "Das Indigo-Zentrum ist in der Tat höchst wichtig für die Arbeit des Adepten. Es kann jedoch, egal wie kristallisiert, in

keinem Ausmaß irgendwelche Ungleichgewichte oder Blockaden in anderen Energiezentren korrigieren. Sie müssen unbedingt der Reihe nach von Rot aufwärts geklärt werden."

[26]Auf einer Ebene verstehe ich, dass man von der Basis an aufwärts arbeiten muss, und jedes Zentrum klären und ausgleichen, um eine stabile Basis zu erzeugen, von der aus man im Indigo-Strahl arbeitet; auf der anderen Seite ist dieser Gedanke verwirrend für mich, denn so wie scheint, löst das Indigo-Strahl-Bewusstsein die fundamentale Illusion auf. Es löst die Illusion von Trennung auf, es löst die Illusion des individuellen Ichs auf, und diesen Illusionen entspringen all die Blockaden eigentlich: die Blockaden des roten Strahls, orangen Strahls und so weiter. So scheint es mir, dass Indigo-Strahl zum Kern des Problems durchdringt. Deshalb frage ich mich, warum der Indigo-Strahl dann nicht die Blockaden und Unausgeglichenheiten der unteren Strahlen lösen kann. Falls Q'uo dazu sprechen könnte, würde ich es sehr wertschätzen.

(empfangen von Jim)

[27]Ich bin Q'uo und ich bin mir über deine Frage bewusst, mein Bruder. Der Punkt dieser Antwort von jenen von Ra war, dass kein Energiezentrum die Arbeit für den Suchenden macht. Der Suchende verrichtet die Arbeit, indem er die verschiedenen Qualitäten jedes Energiezentrums verwendet, um der ganzen Reihe von Energiezentren Ausgeglichenheit zu bringen, deshalb verwendet der bewusste, aufmerksame Suchende die Fähigkeit jedes Energiezentrums im Vorgang des Ausgleichens, sodass die Aktivitäten des Tages, die dem Suchenden deutlich gemacht haben, wo Arbeit getan werden sollte, dann durch eine Phase und einen Prozess des Ausgleichens in Meditation verarbeitet werden können. Deswegen macht der Suchende die Arbeit.

[28]Hast du eine weitere Frage, mein Bruder?

[29]**Gary:** Nein, danke dir, Q'uo.

[30]Ich bin Q'uo und wir danken dir, mein Bruder. Gibt es eine weitere Frage zu diesem Zeitpunkt?

[31]**L:** Q'uo, ich habe eine Frage. Sie hat nicht mit dem ursprünglichen Thema zu tun, falls es jemanden gibt, der eine zum ursprünglichen Thema hat, warte ich darauf.

Niemand? Vor Jahren erschuf ich eine Spezies von außerirdischen Wesen in einer Geschichte, die ich schrieb, und Jahre später habe ich Menschen getroffen, die ich überhaupt nicht kannte, die behaupteten, dass sie diese Wesen gesehen und mit ihnen auf eine Weise interagiert hätten, die sehr real erscheint. Ich habe darüber nachgedacht, wie diese Art von Sache im Allgemeinen in Beziehung zu Inspiration oder möglicherweise einfach der Erschaffung einer Gedankenform stehen könnte. Und ich frage mich irgendwie, ob es in dieser Art von Situation besser wäre, die Idee von Inspiration von Gedanken in Betracht zu ziehen, die durch und in damit verbundener Fiktion kam? Oder ist es möglich, eine Gedanken-Form dieser Tiefe zu erschaffen, wo sie völlige Fremde beeinflussen kann und wie man sich um eine Gedankenform wie diese kümmern kann? Ich weiß nicht, ob das eine klare Frage ist.

[32]Ich bin Q'uo und glaube, dass wir den Kernpunkt deiner Frage [verstanden] haben. Die Gedankenform mag in der Tat erschaffen werden, oder sie mag wahrgenommen werden. Die Erschaffung einer Gedankenform ist durch die Konzentration auf eine solche Form aus Denken, die, sagen wir, vom bewussten Geist hergestellt wird, oder vielleicht erscheint aus dem unterbewussten Geist durch Inspiration die Wahrnehmung einer Gedankenform, die [eine]

Existenz in einem anderen Bereich der Dichte, in welcher ihr wohnt, hat. So habt ihr zwei potenzielle Quellen für dieses Gedankenform-Wesen, das seine Plätze in der Erzählung und Geschichte eingenommen hat, die du geschaffen hast. Die Erste, wie wir gesagt haben, eine Schöpfung deines eigenen Geistes, die Zweite, die Wahrnehmung deines unterbewussten Geistes.

[33]Gibt es eine weitere Frage, meine Schwester?

[34]**L:** Woran würde man den Unterschied festmachen?

[35]Ich bin Q'uo und ich bin mir über deine Anfrage bewusst, meine Schwester. Wir werden kurz pausieren, da wir uns bewusst sind, dass das Aufnahmegerät Aufmerksamkeit benötigt.

(Seite 1 des Tonbands endet.)

[36]Ich bin Q'uo und wir würden vorschlagen, meine Schwester, dass du in deinem meditativen Zustand die Eigenschaften des Charakters in deiner Geschichte beobachtest und beobachtest, in diesem Zustand der Beobachtung, wie sich der Charakter verhält. Falls du ohne bewussten Eingriff von deiner Seite sehen kannst, wie sich der Charakter weiterhin bewegt und entwickelt, magst du ihn als ein Produkt eines Kontaktes mit deinem unterbewussten Geist betrachten, der dir ein Wesen vermittelt hat, welches existiert. Falls es keine Bewegung oder Entwicklung im meditativen Zustand gibt, magst du die Möglichkeit in Betracht ziehen, dass es ein Geschöpf der bewussten Schöpfung deines Geistes ist.

[37]Gibt es eine weitere Frage?

[38]**L:** Nein, danke dir, Q'uo.

[39]Ich bin Q'uo und wir danken dir, meine Schwester. Gibt es eine weitere Frage zu dieser Zeit?

[40]**Gary:** Q'uo, ich habe eine Frage. Mein Verständnis ist, dass dieser Channeling-Vorgang zwischen inkarnierten Geist/Körper/Seele-Komplexen der dritten Dichte und euch, deren Ursprung in äußeren Ebenen von vierter Dichte, fünfter Dichte und sechster Dichte liegt, stattfindet. Ich frage mich, ob die inneren Ebenen dieses Planeten eine Rolle [im Channeling-Vorgang] spielen, und besonders, ob das Wesen, welches eine unserer Freundinnen namens Carla ist, diesem Vorgang auf irgendeine Weise ihre Energien leiht?

[41]Ich bin Q'uo und bin mir über deine Anfrage bewusst. Diejenige, die euch als Carla bekannt ist, hat eine Affinität[5] für diese Gruppe, die höchst solide durch ihre Inkarnation begründet ist, welche ihren Abschluss gefunden und ihr ermöglicht hat, in die spirituelle Welt hinüberzugehen, dem Zeit/Raum-Anteil der Umwelt eures Planeten. In dieser Umgebung kann sie ihre stabilisierenden Energien in diesen Kreis des Suchens schicken, sodass eine Art, sagen wir, Rahmen oder Solidität von Schwingung existiert, die den Empfang unserer Schwingungen unterstützt. Kurz gesagt, ist die Antwort: ja.

[42]Gibt es eine weitere Frage, mein Bruder?

[43]**Gary:** Nein, danke dir, Q'uo.

[44]Ich bin Q'uo und wir danken dir, mein Bruder. Gibt es eine weitere Anfrage zu diesem Zeitpunkt?

---

[5] (Wesens-) Verwandtschaft

(Pause)

[45]Ich bin Q'uo und da es scheint, dass wir die Fragen für den Moment beantwortet haben, sagen wir, wie erfreut wir sind, dass wir zu dieser Gruppe sprechen konnten und ausdrücken – wir korrigieren dieses Instrument – und die kollektiven Energien der Suche nach Freude und des Teilens von Liebe und Licht, das heute in diesem Kreis ist, zu erfahren. Das Licht, das ihr erzeugt habt, kann auf den inneren Bereichen dieses Planeten gesehen werden – als ein Leuchtfeuer, das hell in den Zeit/Raum-Teil hineinscheint und all die engelhaften Existenzen auf euer Lied der Suche, auf euren Ausdruck von Freude und eure offenen Herzen der Liebe aufmerksam macht. Wir freuen uns darauf wieder mit euch zu sprechen. Geht hin, jeder von euch, in Freude, in Frieden, in Liebe und in Licht. Wir sind euch bekannt als diejenigen von Q'uo. Adonai, meine Freunde, Adonai.

[46]Adonai, meine Freundinnen und Freunde, Adonai.

Botschaft vom 3. Oktober 2015

⁰¹**Gruppenfrage:** Q'uo, Viele von uns mühen sich ab mit Situationen, die manchmal als "zu viel, um sie auszuhalten" erscheinen. Wir haben [dann] die Wahrnehmung, dass wir entweder zu viel Katalyst erleben, oder zu intensiven Katalyst, oder beides. Wir empfinden oft, dass [das] Leben uns Bürden auferlegt, für die wir nicht die Mittel haben, um damit umzugehen. Wie tragen wir unser Kreuz, Q'uo? Wie bringen wir das offene Herz in die Herausforderungen hinein, die [das] Leben uns aufzuerlegen scheint, und [wie] laden [wir] höhere Energien ein, um unsere Erfahrung zu transformieren?

(empfangen von Jim)

⁰²**Q'uo:** Ich bin Q'uo. Und wir grüßen euch alle in der Liebe und im Licht des Einen Unendlichen Schöpfers, dem wir alle dienen mit all unserem Wesen, in Freude und immer. Wir sind sehr erfreut, dass wir an diesem Nachmittag zu dieser Gruppe sprechen können, denn es ist unser großes Privileg und Vergnügen zu euch zu stoßen, während ihr jene Eigenschaften eures eigenen Wesens sucht, die auf eurer Reise der Suche dessen, was ihr die Wahrheit nennt, aktiviert werden können. Wir möchten euch, wie immer, bitten, uns einen Gefallen zu tun, und der ist, mit vorsichtiger Unterscheidungskraft den Worten und Ideen zuzuhören, die wir mit euch teilen, damit ihr nur jene annehmt, welche Bedeutung für euch haben, und alle hinter euch lasst, die das nicht tun, denn wir würden uns nicht wünschen, ein Hindernis auf eurer Reise des Suchens zu sein. Dies würde unser Teilen unserer Gedanken mit euch sehr unterstützen, denn dann würden wir nicht empfinden, dass wir in eure eigene Reise eingreifen könnten.

⁰³Ihr fragt heute, meine Freunde, wie es [möglich] ist, dass ihr die Lasten tragen könnt, welche ihr in der Lebenserfahrung tragt, die ihr zu diesem Zeitpunkt habt. Es gibt Zeiten in jedes' Suchenden Reise, wenn der Pfad sich in die Teile des dunklen Waldes hineinwindet, die verstörend und schwierig und dunkel und mysteriös erscheinen und viel zu viele der, sagen wir, Probleme der Welt anbietet. In jenen Zeiten ist es leicht, sich übermäßig darüber Sorgen zu machen, wie ihr euch nicht nur durch solche Erfahrungen bewegen und von ihnen lernen sollt, sondern euch vielleicht sogar daran erinnern werdet, wie ihr sie überleben mögt, denn zeitweise ist die Reise des gewissenhaft Suchenden höchst schwierig. Und dies ist kein Zufall, meine Freunde.

⁰⁴Wir möchten euch nicht entmutigen, indem wir euch erzählen, dass ihr diese Wege gewählt habt, denn es gibt keine Fehler auf der Reise eines jeden Suchenden. Das, was ihr erfahrt, wurde vor eurer bewussten Annahme der Identität, die ihr als euer Selbst anseht, durch eure eigene Wahl dorthin platziert. Bevor die Inkarnation begann, habt ihr diese Pläne gemacht, um euch selbst diese Herausforderungen anzubieten, um zu lernen, wie man alles um sich herum liebt und annimmt, wenn es recht unannehmbar scheint, mit einigen Situationen überhaupt nur umgehen zu müssen.

⁰⁵Wir sind uns darüber bewusst, dass Viele empfinden, dass es ein Ende der Sorgen und Bürden geben sollte, und des täglichen Kummers, der nicht fortgeht. Und [dass] es eine Belohnung geben sollte, eine Zeit des Friedens und der Ruhe, und dessen, was ihr Freude nennen würdet. Und [dies] wird es geben, meine Freunde. Denn in allen Reisen der Suche existieren diese Qualitäten,

vor allem für jene, die in der Lage sind, ihre Herzen in Liebe und Mitgefühl für jene Zeiten zu öffnen, die höchst schwierig sind – diese Zeiten, in denen es als eine bessere Entscheidung erscheinen würde, die Schwierigkeiten zu ignorieren oder davonzulaufen.

[06]Wie geht man es also an, sein Herz zu öffnen, die göttliche Führung zu erlauben, die göttliche Gegenwart, den einen Schöpfer, ein Herz aus Liebe – was auch immer ihr es nennen möchtet – diese Qualität, die euch auf eurer Reise helfen kann, indem sie eure Sichtweise verändert, indem sie die Natur eurer Seiendheit verändert, indem sie euch befähigt, jene liebenden Energien durch euer Wesen zu kanalisieren, die alle Schwierigkeiten einkreisen und umwickeln und sie mit Liebe zerstören, indem auch sie zu Liebe gemacht werden. Wie ist es [möglich] eine solche Arbeit von, wie es scheinen würde, magischer Natur zu tun? Es ist nicht oft möglich, direkt zum Herzen zu gehen und es anzuweisen, sich zu öffnen und zu erwarten, dass es dies tut. Es ist jedoch möglich, sich dem Herz von einer anderen Richtung zu nähern – den, sagen wir, Chakren, die der Energie vorangehen, welche das Herz erreicht. Denn jeder von euch, meine Freundinnen und Freunde, empfängt diese intelligente Energie, oder Liebe, von dem einen Schöpfer auf einer täglichen Basis. Sie bewegt sich durch eure unteren Chakren, beginnend mit der Ebene des roten Strahls – der Ebene, die sich um euer Überleben als körperliche Wesen auf diesem Planeten dreht. Und die sich auch in eurer sexuellen Natur ausdrückt, wo ihr in der Lage seid, eure Spezies zu reproduzieren, in der Lage seid, euer Wesen und das eures Partners zu erfrischen, und diesen Energien zu ermöglichen, sich noch weiter nach oben zu bewegen, sodass die intelligente Energie oder Liebe des einen Schöpfers beginnt, einen Weg oder Kanal durch euer System aus Chakren zu bilden.

[07]Zu diesem Zeitpunkt werden wir diesen Kontakt an denjenigen, der als Steve bekannt ist, übertragen. Ich bin Q'uo.

(empfangen von Steve)

[08]Ich bin Q'uo und ich bin mit diesem Instrument. Wir haben die Herausforderung erfolgreich passiert, welche uns erlaubt, durch dieses Instrument zu sprechen, und wir sind dankbar für die Gelegenheit, wieder bei denjenigen zu sitzen, deren Suche eine Inspiration für uns ist, denn sie gibt uns die Gelegenheit, auf die Weise zu dienen, zu der wir uns zu dienen gerufen fühlen.

[09]Wir würden das Thema des Umgangs mit harschem Katalyst fortführen, indem wir als nächstes auf die Arbeit blicken, die im orangen Strahl verrichtet wird, wo das Selbst einen Sinn dafür zu entwickeln beginnt, was es bedeutet, ein separates oder individuiertes[6] Selbst zu sein, und zu einer anfänglichen Zusammenstellung von Gleichgewichten hinsichtlich der Art und Weise kommt, wie das Selbst sich selbst zu den Anderen bezieht, die unmittelbar um es herum sind. Es ist hier essentiell, eine Fähigkeit zu entwickeln, jene Faktoren oder Elemente in seinen Lebensumständen zu unterscheiden, die zu einem gehören, und jene Elemente oder Faktoren, die zu Anderen gehören, mit denen man in unmittelbarem Kontakt ist.

[10]Dies ist ein Prozess, meine Freundinnen und Freunde, den jeder hier durchlaufen hat und auf einer täglichen Basis weiterhin durchläuft. Und es ist ein Faktor, während dessen Vorgang ein

---

[6] mit Persönlichkeit ausgestattet

Sinn der Einzigartigkeit des individuellen Selbst geschmiedet wird. Nun, während dieses Prozesses geschieht es häufig, dass man entdeckt, wie, scheinbar von einer Quelle außerhalb des Selbst, eine Reihe von Ereignissen kommt, welche beim Selbst, sagen wir, nicht gut sitzen. Und so liegt ein elementarer Teil des Vorgangs der Selbstentwicklung darin, eine Art Schale – eine, sagen wir, schützende Hülle – zu entwickeln, die es einem ermöglicht, Energien und Ereignisse abzuwehren, die das Wesen bis zu dem Punkt zu überwältigen scheinen, an dem ein Gefühl von Ablehnung auftritt, das irgendwo tief im Inneren entspringt.

[11]Im Laufe der Zeit wird diese Energieschale weiter entwickelt und verfeinert. Sie dient dazu, diese Energie abzuwehren oder zu filtern, die im Angebot ist, scheinbar wieder von außen, die zu viel ist, um eingenommen und nützlich verarbeitet zu werden. Wir schätzen diesen Prozess nicht gering, meine Freundinnen und Freunde, denn er ist eine Erweiterung des Bedürfnisses nach Überleben, das nun als das Überleben eines Selbst, das sich im Prozess der Entwicklung befindet, gesehen wird.

[12]Die weitere Entwicklung, die stattzufinden beginnt, wenn das Selbst in größere Gruppierungen von Mitmenschen eingeführt wird, jene größeren Gruppierungen, die ihr kollektiv „Gesellschaft" nennt, ist ein Vorgang, in dem die Energiehülle, die entwickelt wurde, und die zunehmend damit assoziiert wird, wer man ist, weiter herausgefordert wird, und weitere Verfeinerungen an dieser schützenden Panzerung werden, im Laufe der Zeit, vorgenommen.

[13]Wenn man dann das junge Erwachsenenalter erreicht hat, hat man eine Panzerung, die sehr individuiert, personalisiert und ausgedrückt ist, entsprechend der Ansprüche, die auf unzählige Weisen zu euch gesprochen haben, als seien sie für euer Überleben, euren effektiven Selbstausdruck und euer Gedeihen in einer komplexen, sozialen Umgebung notwendig. Dies ist alles zum Guten und recht notwendig als ein Teil im Lernprozess des Umgangs in einer komplexen Welt mit einer großen Vielzahl anderer Selbste, die alle eine nachhaltige Ebene des Seins zu erreichen versuchen – in Beziehung zueinander.

[14]Natürlich wird die Nachhaltigkeit der Gleichgewichte, die erreicht wird, ständig herausgefordert, da jeder immer und immer wieder in eine Position versetzt wird, in der man sich auf Ereignisse einstellen muss, die unerwartet und sehr oft unerwünscht sind. Die Umstellung bedeutet normalerweise nicht, das Ungewollte zu wollen, sondern zu lernen Anpassungen vorzunehmen, sodass das, was das Gleichgewicht des Selbst herausfordert, keinen Schaden an der Fähigkeit des Selbst, weiter voranzugehen, hervorruft. Tag ein und Tag aus geht man auf diese Weise mit Ereignissen um; einige von einer Art, die Zusicherung gibt und Hoffnung gibt und Liebe gibt und Leben gibt, und einige von der Art, die, für alle äußerliche Erfahrung, in einer recht gegensätzlichen Richtung arbeiten. Und so nimmt man das Gute mit dem Schlimmen, und macht weiter wie man kann.

[15]Nun, im Laufe des eigenen Lebens wird es üblicherweise jenen, die sich durch eure Dichte abmühen, passieren, dass sie sich fragen, worum es hier geht. „Ist das wirklich alles, was [das] Leben zu bieten hat?" Und die Eröffnung dieser Frage ist die erste, sagen wir, Salve einer Verwirklichung, dass Leben eine tiefere Bedeutung hat als bloße Selbsterhaltung. Man empfindet, zum einen, dass etwas für einen [auf]gerufen wird. Dass man zu einer Zielstrebigkeit [auf]gerufen wird, die höher ist. Und man fühlt diese Zielstrebigkeit in der Verantwortung, die man für jene anderen Selbste übernimmt, die man entlang des Weges zu lieben gelernt hat.

[16]Zu lieben ist eine Tätigkeit, die einen Prozess der Öffnung des Herzens in Gang setzt. Das Herz ist eine Dimension des Seins, welche dazu neigt, genau durch die Panzerung ausgeschlossen zu werden, die als ein Mittel entwickelt wurde, um den Katalyst abzuwehren, von dem man empfindet, dass man ihn nicht verarbeiten kann, und zu lernen, wie man mit anderen Selbsten auf eine solche Weise umgeht, dass man für ihre Handlungen nicht angreifbar ist, die diese sehr fragile und kristalline Struktur, welche das unerfahrene Selbst ist, zerstören könnten.

[17]An dem Punkt, an dem man findet, dass es möglich zu sein beginnt, die Deckung fallen zu lassen und das zu akzeptieren, was, für die ganze Welt, inakzeptabel zu sein scheint, dort befindet sich der Punkt, an dem man die Öffnung des Herzens in Betracht ziehen mag. Es gibt einige Situationen, in denen das Herz recht stürmisch durch Ereignisse aufgerissen wird, die tatsächlich als dramatisch oder sogar traumatisch angesehen werden können. Und es gibt Situationen, in denen es eine eifrig suchende Person durch mühsame Arbeit in Meditation geschafft hat, das Herz weit aufzureißen, und dies kann zu Energie-Ungleichgewichten für das suchende Wesen führen, wenn keine angemessene Vorbereitung mit Hinblick auf eine stabile Struktur des Selbst stattgefunden hat.

[18]Dies soll nicht heißen, dass diese Erfahrungen, die als traumatisch angesehen werden können, oder die Erfahrungen, die als dramatisch angesehen werden können, notwendigerweise schädlich sind, denn es ist recht normal, ein Gefühl eines radikalen Ungleichgewichts im Herzen als Teil der Entwicklung, in der das Herz geöffnet wird, zu durchlaufen, sodass weitere Arbeit dort verrichtet werden kann.

[19]Die Arbeit des Herzens, meine Freundinnen und Freunde, ist oft keine hübsche Arbeit, denn man findet dort all die Ablagerungen von Verletzung, all die Sorgen, die man getragen hat, all die Widerstände, die man über die Zeit aufgebaut hat, als ein Teil des Vorgangs der Entwicklung eines Gefühls dafür, wer ihr in diesem Leben seid. Man entdeckt, dass für jedes Stück Katalyst, das man herausgefiltert hat, durch das Aufrufen der Panzerungs-Funktion, es einen übriggebliebenen Rückstand gibt, den die Öffnung des Herzens nun offenbart als eine „Sache", die durchgearbeitet werden muss. Oh wie groß der Nachschub an Arbeit ist, die es zu tun gibt, meine Freunde. Wenn man zum ersten Mal auf ihre Ausdehnung blickt, kann man sehr, sehr überwältigt sein.

[20]Deshalb können die ersten und frühen Blicke in diese riesige Weite, welche die Öffnung des Herzens diesem Blick bietet, zu einem Gefühl von Hoffnungslosigkeit führen, einem Gefühl von Verzweiflung sogar, dass es so viel zu tun gibt und so wenige Mittel, um das Tun zu unternehmen. Wir bitten euch, verzweifelt nicht, denn Leben um Leben habt ihr auf diese Arbeiten geblickt. Die Tatsache, dass ihr euch nun sogar in der Lage befindet, die Weite zu sehen, die sich vor euch öffnet, ist schon ein Anzeichen dafür, dass ihr bereit seid, den Job zu unternehmen, sozusagen.

[21]Die Öffnung des Herzens ist eine sehr einfache Angelegenheit. Sie baut auf auf einer Handlung des Annehmens zu einem jeweiligen Zeitpunkt. Die Handlung des Annehmens findet immer im Moment statt. Alles, was ihr in dem Moment tun könnt, ist, zu akzeptieren, was dieser Moment anzubieten hat. Alles, was ihr im Moment tun könnt, ist, den Moment zu grüßen. Und im Moment liegt Liebe. Und im Moment liegt die Antwort auf die Frage: „Wie kann ich möglicherweise weitermachen?" Sehr oft, meine Freunde, kann man in den allergrößten Extremen von scheinbar

überwältigendem Katalyst die benötigten Ressourcen finden.

²²Ein kleiner Akt der liebenden Annahme, das ist der Schlüssel. Ein Akt der Annahme öffnet eine kleine Tür – und diese Tür führt zu einer weiteren, die wiederum durch Annehmen geöffnet werden kann. Und auf diese Weise baut Akzeptanz auf Akzeptanz auf, und in kleinen Schritten werden dieser Kummer, den man aufgebaut hat, diese Schwierigkeiten, die man weggeschlossen hat, geheilt. Ein heilendes Herz ist ein Herz, das beginnt die Fähigkeit zu zeigen, hinauszureichen in die Welt – auf eine Weise, die auch diese Welt heilt.

²³Wir sagen nicht, dass dies einfache Arbeit ist, meine Freunde. Im Gegenteil, es ist unzweifelhaft die schwierigste Arbeit, die ihr jemals tun werdet. Aber um genau diese Arbeit zu tun, seid ihr inkarniert.

²⁴Und dieser Arbeit, meine Freunde, vertrauen wir euch in Liebe und Licht an, während wir dieses Instrument verlassen und den Kontakt an denjenigen, der als Jim bekannt ist, zurückgeben. Ich bin Q'uo.

(empfangen von Jim)

²⁵Ich bin Q'uo und ich bin wieder mit diesem Instrument. Es ist ein großes Privileg gewesen, über diese Frage zu sprechen. Zu diesem Zeitpunkt würde wir fragen, ob es irgendwelche anderen Anfragen einer kürzeren Art geben könnte, zu denen wir sprechen können?

²⁶**Gary:** Q'uo, in meinen eigenen Kontakten mit Menschen scheinen [die] Leute aus allen Bereichen über mehr Beschäftigung zu berichten, mehr Dinge in ihren Leben, die es zu jonglieren gilt, mehr Katalyst, in dem man sich behaupten muss. Denkst du, dass dies eine Auswirkung einer Gesellschaft ist, die komplexer wird und stärker miteinander verbunden, und deshalb immer mehr Reize und Auslöser in unsere täglichen Leben quetscht? Oder denkst du, dies eine Auswirkung des Endes von dritter Dichte ist, verbunden mit dem freiwilligen Wunsch von Suchenden, den zur Verfügung stehenden Katalyst zu maximieren, solange noch Zeit bleibt? Oder [ist es] etwas Anderes, das ich nicht bedacht haben mag?

²⁷Ich bin Q'uo, und ich bin mir über deine Anfrage bewusst, mein Bruder. Wie du gesagt hast, ist die Kultur, in der ihr lebt zu diesem Zeitpunkt hoch komplex. Sie ist stark bevölkert mit jenen, die täglich arbeiten, um einen Lebensunterhalt, wie ihr es nennt, zu verdienen, um eine Familie zu unterstützen und um die Interessen jener Wesen einer unternehmerischen Art zu fördern, für die sie hart arbeiten.

²⁸Jedem Suchenden von Wahrheit stehen viele Auslöser[7] zur Verfügung. Es gibt bei weitem zu Viele, die sich nicht darüber bewusst sind, dass diese tägliche Runde an Aktivitäten Gelegenheiten für Wachstum bietet. Die meisten Wesen auf eurer planetaren Sphäre sind ein Teil solcher Kulturen, denn die dritte-Dichte-Umgebung ist eine, die Vieles bietet, das für diejenigen ablenkend sein kann, die nicht unterscheiden. Wenn man die Sichtweise hätte, dass eine großartige Lektion in den Tätigkeiten jeden Tages liegen könnte, gäbe es deshalb dann die Gelegenheit, aus diesen Erfahrungen heraus zu wachsen, die dann dazu neigen würden, dem

---

[7] Eine diesmal, aber nicht immer, passende Übersetzung von catalyst (auch Beschleuniger, auslösendes Moment; Katalysator)

Suchenden in eine andere Richtung zu zeigen. Diese Richtung, anstatt sich in der Welt um einen zu konzentrieren, würde sich mehr auf die Welt in einem konzentrieren.

[29]Diese Fokussierung nach innen bietet dann die Gelegenheit für Kontemplation, für Meditation und für Gebet, als Mittel, mit denen der Auslöser des Tages verarbeitet werden kann. Dieses Suchen im Inneren neigt auch dazu, jene Tätigkeiten, die von weniger Wert sind, sagen wir, wegfallen zu lassen, bis der Suchende anfängt, die Energien des Selbst auf weniger, [und] bedeutsamere Teile der Gelegenheiten zu konzentrieren, die jeden Tag in euren geschäftigen Erfahrungen angeboten werden.

[30]Seine Gelegenheiten zu vereinfachen, sagen wir, die tägliche Runde an Aktivitäten zu vereinfachen, ist deshalb ein Teil der Reise von Suchenden, der dann dazu neigt, ein Gefühl von Frieden zu bringen, eine Richtung des Zwecks und Methode, um dieses innere Gefühl von Selbst zu erhalten. Man mag dann dieses innere Gefühl des Selbst anrufen, um mit den Auslösern, die für das Wachstum und Überleben des Individuums, der Familie und der Gemeinschaft essentiell sind, umzugehen.

[31]Deshalb würden wir vorschlagen, dass jeder nach den Bereichen innerhalb der Lebenserfahrung schaut, die vereinfacht werden können, [so]dass die Konzentration des eigenen Geistes, Körpers und der Seele auf die unbeschreiblichen und unendlichen Eigenschaften von Liebe, Weisheit und dem Teilen dieser Eigenschaften mit allen zentriert wird.

[32]Können wir deine Frage weiter beantworten, mein Bruder?

[33]**Gary:** Das war ausgezeichnet, danke dir. Du hast eine sehr gute Sichtweise auf die Reduzierung der scheinbaren Menge an Auslösern durch Vereinfachung angeboten.

[34]Hinsichtlich des Grunds für diese Menge, spielt das Ende von dritter Dichte irgendeine Rolle in der scheinbaren Menge von auslösenden Momenten?

[35]Ich bin Q'uo und ich bin mir über deine Anfrage bewusst, mein Bruder. In der Tat hat die Möglichkeit, das zu erreichen, was ihr Abschluss von Ernte in die Dichte von Liebe hinein genannt habt, für den größten Teil der Bevölkerung eures Planeten eine große Vielzahl an Arten von Geschäftigkeit in diesen Bereich von Erfahrung gebracht, die irgendeine Art von Aufmerksamkeit benötigen. Um das durchsortieren zu können, was zur Verfügung steht, musst man seinen Weg durch Vieles schlängeln, das, wie du gesagt hast, das Ergebnis des Endes des Seins-Zyklus in dieser Dichte ist. Der Suchende hat die Fähigkeit zu reagieren – oder die Verantwortung, jene Bereiche zu entscheiden, in denen er suchen wird. Wir werden kurz pausieren.

(Seite 1 des Tonbands endet)

[36]Ich bin Q'uo. Wir werden fortfahren. Denn, wie du richtig bemerkt hast, wird Vieles durch das Enden der Seiendheit der Dichte hervorgebracht. Es gibt auch Vieles, das von jedem Suchenden getan werden kann, um den zur Verfügung stehenden Katalyst für den gewünschten Abschluss zu verwenden.

[37]Können wir auf irgendeine weitere Weise sprechen, mein Bruder?

[38]**Gary:** Nein, nicht zu dieser Frage. Das war ausgezeichnet. Danke dir, Q'uo.

[39]Wir danken dir, mein Bruder. Gibt es weitere Anfrage zu dieser Zeit?

[40]**S:** Q'uo, es gibt einige Accessoires[8], die um den Hals herum getragen werden können, die entweder die Energie eines Lebewesens erhöhen können, oder irgendwie die Wirkung eines Auslösers abschwächen. Diese Geräte funktionieren vielleicht wie eine Form von spirituellem Paracetamol. Sind sie für irgendetwas nützlich oder kann [die] Langzeitverwendung die Fortschrittsrate eines Lebewesens verringern?

[41]Ich bin Q'uo, und wir glauben, dass wir deine Anfrage verstanden haben, mein Bruder. Wir sehen zwei Bereiche von Wichtigkeit in dieser Anfrage. Die erste ist die Möglichkeit der Erhöhung der Energien des Suchenden, wie er durch seine tägliche Runde an Aktivitäten geht, und mit den Auslösern der Illusion zum Wachstum des Selbst umgeht. Es gibt tatsächlich solche Accessoires, üblicherweise meist in der Form von Kristallen, welche das persönliche Energielevel erhöhen können. Dies zur Verfügung zu haben wäre für Suchende hilfreich.

[42]Wenn wir jedoch auf die zweite Möglichkeit schauen, der des Abschwächens des Auslösers, würde wir vorschlagen, dass dem Katalyst erlaubt wird, sich in seinem vollen Schwung und Richtung zu bewegen, um den größten Eindruck auf die Sinnlichkeiten des Suchenden zu erlangen. Denn für den Katalyst, welcher gedämpft, verringert oder abgeschwächt wurde, besteht die Notwendigkeit, über einen längeren Teil eurer Zeit bearbeitet zu werden. Für den Suchenden ergibt sich, dann, die Notwendigkeit, den Katalyst um ihn, und um ihn herum, wahrnehmen zu können, um in der Lage zu sein, ihn effektiver zu nutzen.

[43]Gibt es eine weitere Anfrage, mein Bruder?

[44]**S:** Nein, das war gut. Danke dir.

[45]Ich bin Q'uo und wir danken dir, mein Bruder. Gibt es eine letzte Anfrage zu diesem Zeitpunkt?

[46]**Gary:** Falls es keine Frage aus dem Kreis gibt? Ich habe eine von einem Suchenden aus der Ferne. D. schreibt:

[47]„Die L/L Research-Gruppe hat einen unglaublichen Job mit dem neuesten Channeling gemacht. Ich habe mir einen Alarm auf meinem Telefon gestellt, um samstags zur gleichen Zeit zu meditieren wie ihr. Es ist schön, sich vorzustellen, dass ich, manchmal, aus der Ferne teilnehmen kann. In der letzten Channeling-Sitzung sagte Q'uo, dass die Energie der Gruppe wie ein Leuchtfeuer ist, das die Engel auf euer Suchen aufmerksam macht. Ich wäre dankbar zu wissen, wie Q'uo über „Suchende in der Ferne" bei euren Meditationen empfindet, und ob Q'uo eine Art von Einstimmung- oder anderer Praxis empfehlen könnte, die jemandem wie mir ermöglichen würde, euer Leuchten von weit entfernt zu verstärken?"

[48]Ich bin Q'uo und ich bin mir über deine Anfrage bewusst, meine Schwester. In der Tat heißen wir alle jene, die sich von jeglichem Platz, jeglicher Entfernung und jeglicher Zeit her verbinden, herzlich willkommen, denn es ist tatsächlich möglich, durch Hinzufügen seiner Energien zu diesem Kreis von Dienst zu sein. Die Vorbereitung des Selbst kann in jeglicher Art sein, die das Selbst bereits als wertvoll entdeckt hat, sei dies nun durch Gebet, Meditation, Kontemplation, dem Lesen von inspirierenden Informationen, Hören von inspirierender Musik oder jegliche andere Weise, die den Geist, die Gefühle und die Seele des Wesens darauf vorbereitet, das

---

[8] Im Original *devices*: Geräte

Höchste und Beste von sich selbst anzubieten, als einen Teil des Kreises der Suche. Dies ist die Empfehlung, die wir euch machen würden, meine Schwester.

[49]Wisst, dass wir uns über eine große Anzahl von Wesen wie dir bewusst sind, die sich mit diesem Kreis im Teilen der Lichtenergie verbinden, die erzeugt wird, wenn jene von gleichem Geist zusammen in diesem Platz der Meditation suchen. Wir schätzen die, sagen wir, gute Schwingung jedes Wesens, und den Wunsch, die persönliche Inspiration dem Kreis hinzuzufügen.

[50]Zu diesem Zeitpunkt möchten wir jedem Anwesenden danken, für das Anbieten der Energien, welche diesen Kreis des Suchens möglich gemacht haben, [und] dafür, dass ihr eure Liebe und euren Wunsch ineinanderfließen lasst, allen Anderen hier und allen Anderen auf der planetare Oberfläche von Dienst zu sein, sodass es viele, viele Leuchtfeuer gibt, die ihre Energien zu dieser Zeit zusammenbringen und das Lichtnetz auf und innerhalb eurer planetaren Oberfläche wächst.

[51]Es gibt viele Suchende, so wie ihr selbst, die allen Wesen, die ihre Herzen in Liebe auf eine bedingungslose Weise öffnen möchten, eine große Menge Liebe und Unterstützung anbieten, an alle um sie herum, an alle anderen Wesen, an alle Oberflächen des Planeten, sagen wir, zu den Dingen, zu den Bäumen, zu den Vögeln, zu den Blumen, zur Luft – da sie den Schöpfer in Allem sehen. Das ist der Weg von Wahrheitssuchenden. [Und] während man sich weiter und weiter entlang dieses Weges fortbewegt, entsteht die Fähigkeit, den Schöpfer immer voller und häufiger zu sehen, und die Liebe des Schöpfers in allen Dingen, allen Wesen, allen Zeiten und Plätzen zu erfahren. Das Ende eurer Umgebung der dritten Dichte bietet, tatsächlich, Gelegenheiten für diese Art von Erfahrung. Wir sind höchst dankbar und erfreut, Wesen wie euch zu sehen, die diese Gelegenheit aufgreifen.

[52]Wir sind euch bekannt als diejenigen von Q'uo. Zu diesem Zeitpunkt werden wir unseren Abschied von diesem Instrument und dieser Gruppe nehmen. Wir lassen euch, wie immer, zurück in der Liebe und im unbeschreiblichen Licht des Einen Unendlichen Schöpfers. Adonai, meine Freunde. Adonai.

Botschaft vom 17. Oktober 2015

[01]**Gruppenfrage:** Früher [einmal] haben jene von Q'uo die Unterscheidung aufgemacht zwischen dem "Geist der Welt" und dem "Geist des Herzens". Q'uo beschreibt den "Geist der Welt" als den analytischen, urteilenden Geist, zu dessen fast ausschließlicher Verwendung wir konditioniert wurden. Sie (Q'uo) beschreiben, dass der "Geist des Herzens" ein Bewusstsein der Liebe ist.

[02]Heute stehen Informationen aus verschiedenen Feldern zur Verfügung, die Q'uos Gedanken bekräftigen und sagen, dass das physische Herz viel mehr ist als eine Pumpe. Es ist auch ein spezialisiertes Gehirn mit endokrinen elektromagnetischen und neurologischen Wahrnehmungsfunktionen.

[03]Wir würden gerne tiefer in diese Informationen vordringen, die Q'uo schon (mit uns) geteilt hat, um uns dabei zu unterstützen, unsere Herzen zu öffnen, indem wir fragen, wie wir den hauptsächlichen Konzentrationspunkt unseres Bewusstseins vom Geist der Welt zum Geist des Herzens verlagern, in sowohl seinen physischen als auch metaphysischen Aspekten, und dem computerähnlichen Gehirn eine Rolle zuteilen, die seinem Design, so wie es scheint, besser entspricht, der Rolle eines Gehilfen.

(empfangen von Jim)

[04]**Q'uo:** Ich bin Q'uo und wir grüßen jeden von euch in Liebe und in Licht durch dieses Instrument. Es ist unser großes Privileg und Vergnügen, heute Nachmittag zu euch sprechen zu können. Wir würden euch, wie immer, bitten, euer Unterscheidungsvermögen zu verwenden, wenn ihr unseren Worten zuhört, und sicher zu sein, dass ihr nur jene annehmt, mit denen ihr euch wohlfühlt, denn wir würden uns nicht wünschen, irgendein Hindernis auf euren Weg zu setzen. Wir danken euch für diesen Gefallen, meine Freundinnen und Freunde.

[05]Heute habt ihr über den Unterschied zwischen dem "Geist der Welt" und dem Geist und dem Funktionieren des Herzens gefragt, und wie man den Zugang zum "Geist des Herzens" finden und sich der erweiterten Funktionsweise dieses speziellen Organs eures körperlichen Vehikels bewusst werden kann. Wir sind höchst erfreut, diese Frage anzusprechen und werden beginnen, indem wir vorschlagen, dass für die Meisten von euch das Wesen des Geistes der Welt recht wohl bekannt ist, den jeder von euch ist mit diesem Geist, sagen wir, „inkulturiert" worden, denn er ist das Mittel, mit dem Wesen eurer verschiedenen Länder, Städte und Regionen mit den Erwartungen an ein wachsendes Wesen innerhalb eurer Kultur vertraut gemacht wird - oder, für diesen Punkt, jeder Kultur, meine Freunde. Dies ist das Mittel, mit dem der Massengeist der Bevölkerung eurer Kultur an jede folgende Generation weitergereicht wird, so dass der ganzen Kultur eine gewisse Art von Ordnung zur Verfügung steht, deren Erwartungen besonders durch jene, die euch am nächsten stehen, übermittelt werden, welche eure elterlichen Wesen, eure Lehrerinnen und Lehrer, Freundinnen und Freunde, Nachbarn und so weiter sind. Heutzutage und in diesem Zeitalter wird dies recht erfolgreich durch die erhöhte Verwendung von elektronischen Medien erreicht, welche sicherstellen, dass die Botschaft der Gleichförmigkeit, sagen wir, weit verbreitet wird, und in den Geistkomplex aufgenommen wird, welcher durch das körperliche Gehirn verarbeitet wird.

[06]Auf diese Weise beginnt jedes Lebewesen die physische Inkarnation aus den grundlegenden

Elementen des Prozesses, einer von Vielen zu werden, heraus, die betrachtet werden können, um die Zutaten zu verstehen, die notwendig sind, um innerhalb der verschiedenen Segmente eurer Kultur akzeptiert zu werden. Und so kann man verschiedene Gelegenheiten für Bildung und Sozialisierung, die berufliche Tätigkeit und das Verdienen von Mitteln, um damit die wachsende Familie zu unterstützen, nutzen. Dieser Vorgang ist (eigentlich) zyklisch gemeint und sollte sich mit der Nachwuchserzeugung jeder Generation verbessern. Dies, wie ihr euch wohl bewusst seid, ist die Dynamik des Geistes, welches für ein Lebewesen, das auf einem anderen Weg fortschreiten möchte, einigen, sagen wir, Widerstand verursacht. Denn jedes Wesen – wenn auch gut vorbereitet, um die kulturellen Einstellungen zu verfolgen – ist auch das, sagen wir, Saatbeet, in dem die individuelle Identität wächst, die nach Ausdruck in vielen verschiedenen Mitteln sucht. Das eigene Ich findet die kulturellen Voreinstellungen gelegentlich schwierig, wenn nicht eine Last, wenn diese individuelle Identität Ausdrucksfacetten annimmt, die im Allgemeinen von der größeren Kultur, oder vielleicht sogar der kleineren Kultur der Familie und des Freundeskreises, nicht verstanden werden. Jeder hat in seinem Herzen den, sagen wir, Wunsch, das zu verfolgen, was ihr den „Weg der Suchenden" nennen mögt, den Wunsch, mehr darüber zu wissen, was die Bedeutung des Lebens ist, die Fragen nach dem Warum und Wofür, welche nicht übermäßig vom Geist der Welt behandelt werden. Dies ist, wo der Geist und die Funktionsweise des Herzens höchst wichtig ist.

[07]Zu diesem Zeitpunkt werden wir diesen Kontakt an denjenigen übertragen, der als Steve bekannt ist. Wir sind jene von Q'uo.

(empfangen von Steve)

[08]Ich bin Q'uo und bin mit diesem Instrument. Der gesellschaftliche Komplex, an dem ihr alle teilnehmt, trägt eine komplexe Zusammenstellungen von Erwartungen mit sich, die, wie wir vorgeschlagen haben, sehr häufig nicht genau zum Prozess des Aufmachens zur größeren Erfahrung passt, die jedes Einzelwesen als ein Bedürfnis und einen Wunsch auf einer Ebene des Wesens empfindet. Die vorherrschende, sagen wir, Lücke, zwischen der Welt, wie sie heutzutage normativ dem aspirierenden Selbst gegenüber repräsentiert wird, und der Welt, wie sie als von irgendwoher tief innerhalb des aspirierenden Selbstes rufend empfunden wird, ist eine Lücke, die durch viele Dinge gespeist wird, die auf viele Weisen ausgedrückt werden, und die durch eine große Vielzahl von Faktoren eine Lücke gehalten wird.

[09]Von diesen Faktoren würden wir Aufmerksamkeit auf zwei hauptsächliche Rufe richten: Die der einen Art – die von dem her kommt, was man Werturteile nennen könnte, welche zu Sedimenten in eurem Sozialkomplex geworden sind – ergeben ein striktes Set an Voraussetzungen, die auf eine solche Weise vor jedes individuelle Selbst gehalten werden, dass vom Selbst erwartet wird, mit einem Muster von Selbstheit, das bereits in Platz ist, konform zu gehen, um würdig zu sein.

[10]Während dies passiert, ist dieses Muster von Selbstheit praktisch nie perfekt passend für irgendein individuelles Selbst, und als Ergebnis empfindet jedes individuelle Wesen, fast ohne Ausnahme, in irgendeiner Ecke seines Wesens, dass es gescheitert ist, dass es unwürdig ist. Wenn dieses Urteil schwer auf dem Selbst liegt, lässt dies diese, sozusagen, feine Membrane, welche die Haut des embryonischen Selbst konstituiert, sich zusammenziehen, nach innen zurückziehen und in einen kleinen Knoten verzurren. In diesem Zustand findet das embryonische Selbst sich selbst eingeschlossen in einem Herz-Zentrum vor, das kein Zentrum ist, und das sich selbst nicht als

Herz ausdrücken kann. Es gibt, allerdings, Hinterlassenschaften, Spuren, Überbleibsel von Urteilen, und Fragmente von Urteilen, und Gefühle von Unangemessenheit, die von einer Erfahrung zur nächsten anhalten, und sich über Zeit ansammeln, um sehr oft eine recht starre Kruste zu bilden.

[11]Das embryonische Selbst findet einen gewissen Grad an Sicherheit, wenn es sich hinter dieser Kruste versteckt, fühlt sich aber gleichzeitig durch sie gefangen. Jede Erfahrung, in der das Urteil der Welt hineingenommen und gegen das Selbst gehalten wird, lässt diese Kruste fester werden, spröder werden, einsperrender werden für das Selbst, das es vorziehen würde, sich selbst frei von Urteil zu empfinden, frei von dieser Art von fordernder Erwartung, welche die Welt ihm kontinuierlich aufzuerlegen scheint.

[12]Dieses eingesperrte Selbst ist jedoch nicht ohne eigene Mittel. Immer wieder wird es eine Anstrengung machen, immer wieder wird es versuchen, jene kleinen Öffnungen in dieser Verkrustung um es herum zu finden, die ihm Leben geben, und die das Licht der Welt so gleichmäßig hineinfließen lassen, wie das innere Licht des Selbst nach außen zu fließen beginnt. Mit jeder zusätzlichen Handlung der Akzeptanz von Selbst durch Selbst beginnt die Kruste, sich auszudünnen, sodass im Laufe der Zeit, wenn dieser Prozess bewusst bekräftigt wird, die Kruste irgendwann dünn genug werden kann, dass sie das Herz nicht länger in einem beengten Raum halten kann, und dem Herz erlaubt wird, sich auszudehnen und die Welt mit seiner Liebe zu informieren. Wenn das Herz in Liebe hinausreicht zur Welt, wird die Welt, liebevoll, als Liebe zurückgespiegelt, und Herz fängt dann an, das Lied zu singen, das sozusagen seine Muttersprache ist.

[13]Es gibt, wie wir gesagt haben, eine zweite Quelle der Einschnürung von Herzenergie, und diese Quelle kommt mehr von innen. Sie repräsentiert jene Erfahrungen, die sich als zu schmerzhaft für das hervorkommende Wesen herausgestellt haben, um sie zu tolerieren, nach vorne zu bringen, um gefühlt zu werden; und so entsteht eine Tendenz zu verschieben, wenn ihr mögt, die Gedanken zu fühlen, die Gefühle zu fühlen, den Schmerz zu fühlen, der sehr oft ein Teil des katalytischen Prozesses ist, dessen sich jeder hier auf einer täglichen Basis erfreut.

[14]Doch vertagte Gefühle sind keine Gefühle, die für immer weggehen. Vertagter Katalyst verbleibt innerhalb des Herz-Zentrums als Arbeit, die es noch zu tun gibt, und ein Herz, das mit viel unverarbeitetem Katalyst belastet ist, mit vielen ungefühlten Gefühlen, ist ein Herz, das sich bleiern und schwer anfühlt, und unter Beschränkungen leidet, die selbstgemacht sind. Auf gewisse Weise, meine Freundinnen und Freunde, werden wir euch sagen, dass dieser Katalyst zu den schwierigsten zählt, die ihr bearbeiten werden müsst, denn ihr könnt euch nicht durch ihn hindurcharbeiten ohne das Herz zu öffnen, und jeder Akt der Öffnung des Herzens, jeder Akt des Loslassens der Verzurrung des Herzmuskels, ist auch ein Akt, der die aufgestauten Gefühle freisetzt, die aufgestauten Erinnerungen und aufgestauten Unterdrückungen, die an diesem oder jenem Punkt als zu schwierig empfunden wurden, um damit umzugehen.

[15]Und so wird die Öffnung des Herzens nicht immer in einem Zustand absoluter Freude unternommen. Die Öffnung des Herzens wird dem Selbst oft zeigen, was das Selbst sich nicht einzugestehen in der Lage war, dass es dies [in sich] trägt; den Schmerz und Kummer oder Sorgen. Die Heilung von Kummer ist jedoch etwas, was nur das Herz selbst schaffen kann. Man kann den Kummer der Seele nicht heilen, indem man den korrekten Gedanken denkt, nicht mehr

als man ein beschädigtes Herz durch einen bestimmten Akt der Kognition[9] heilen kann.

[16]Das Herz ist das Organ der Akzeptanz. Es öffnet das Tor zu einer Welt, die in ihrem Kern liebevoll ist, aber wir werden sagen, dass es, in dieser Liebe, viele Schichten von dem gibt, was ihr als Emotion erfahrt, und die Emotion erscheint nicht immer sofort von einer liebenden Natur zu sein oder von der Natur zu sein, die zu einem weiteren Öffnen des Herzens ermutigt.

[17]Dementsprechend kann der erste Akt der Öffnung des Herzens sehr häufig schnell zu einer Reaktion führen, die den Effekt hat es wieder zuzumachen oder den Bereich zu beschränken, in dem sich das Herz selbst erlauben wird, geöffnet zu werden. Das, meine Freundinnen und Freunde, ist der Moment, wo wir euch ermutigen würden auf den winzig kleinen Akt zu schauen, den man Glauben [oder Vertrauen] nennen könnte, denn in diesem kleinen Akt liegt die narrenhafte Erwartung, dass innerhalb von Kummer dennoch Freude gefunden werden mag; dass in Sorge doch Frohheit gefunden werden kann; dass in Angst, in Horror und in Qual doch Hoffnung gefunden werden mag.

[18]Je mehr man lernt, Freude als eine Konsequenz, von lediglich der eigenen Fähigkeit zu hoffen, zu erwarten, desto mehr kann man diesen Herzmuskel entspannen, desto mehr kann man zulassen, dass ein Annehmen auf dem nächsten aufbaut, bis das Herz sich als ein Empfangsorgan für die Ebbe und Flut von kosmischer Energie innerhalb des individuellen Selbst empfindet. Dies ist ein erfrischender Fluss für das Selbst, das sich zu lange beschränkt gefühlt hat – sowohl von außerhalb, durch das schwere Gewicht von gesellschaftlichem Urteil, als auch von innen durch das Gewicht von unverarbeiteter und scheinbar nicht zu verarbeitender Erfahrung. Wenn diesem, sagen wir, kosmischen Wind ermöglicht wird, durch das Herz zu blasen, und das Herz selbst lernt, die Rhythmen des Universums auszudrücken, kann das Universum immer stärker als im Inneren liegend entdeckt werden, und immer weniger muss sich das individuelle Selbst dann als Etwas fühlen, das sich selbst durch Widerstand zu dem, was außen liegt, erhalten muss.

[19]Der natürliche Fluss des Herzens korrespondiert und schwingt mit dem natürlichen Fluss des Kosmos. Es gibt viele Möglichkeiten, diesen Fluss zu entdecken. Ein Künstler entdeckt ihn in der schöpferischen Handlung; ein Naturalist entdeckt ihn im Akt des Teilnehmens in [der] Natur; und diejenigen, die an gesellschaftlichen Aktivitäten teilnehmen, entdecken ihn im natürlichen Fluss von Geben und Nehmen, während man seine Dienste Anderen anbietet, deren Empfang dieser Dienste ihre Dankbarkeit ist, welche im Gegenzug zurückhallt, in den Fluss desjenigen hinein, der gegeben hat. Das Geben, das Empfangen und das erneute Geben erzeugen den großartigen Fluss, in dem jeder individuelle Geist/Körper/Seele-Komplex teilnehmen kann und mehr und mehr teilnimmt, sowie das Herz sich zu öffnen beginnt. In der Öffnung des Herzens kann man Heilung erfahren, und im Verschließen des Herzens erfährt man immer die Einengung, nicht nur des Geistes, sondern auch des Körpers.

[20]In eurer Gesellschaft, meine Freundinnen und Freunde, gibt es so viele Faktoren, die gegen die Öffnung des Herzens arbeiten, dass es nicht überraschend sein kann, dass sich so viele Schwierigkeiten des Herzens in dem ausgedrückt wiederfinden, was man "Herzprobleme" nennen könnte. Man kann auch schon dadurch Fortschritt in Richtung einer Öffnung des Herzens selbst

---

[9] der Wahrnehmung, des Erkennens

erzielen, indem man einfach lernt, den Körper zu entspannen. Wenn ihr versucht, den Körper zu entspannen, kann es manchmal schwierig sein, vom Herzens selbst her zu beginnen, denn im Grunde genommen ist dies eine körperliche Funktion, die ihr vegetativ nennt, was bedeutet, dass es eine Funktion ist, die im Allgemeinen nicht direkt durch einen Akt des Bewusstseins kontrollierbar ist. Aber, wenn ihr in Meditation beginnt, zuerst die Füße zu entspannen, den Füßen erlaubt, gemütlich und sanft auf dem Boden zu ruhen, den Füßen erlaubt, als Empfänger für die Energie zu dienen, welche aus eurer Erde heraus aufwärts fließt, sodass sie sich in eure Waden hinein bewegt, durch eure Knie hindurch und in eure Oberschenkel und in den unteren Teil eures Oberkörpers hinein, und sich weiter aufwärts bewegt durch euer Solarplexus-Zentrum und schließlich an eurem Herz ankommt – von dem nun gesehen werden kann, dass es eine Art von Spannung freigelassen hat, von der es nicht wusste, dass es sie hält – [dann] habt ihr dadurch auf wirksame Weise ein Gegenstück in körperlicher Manifestation zu dem erreicht, was wir in Beziehung zu den mehr metaphysischen oder mentalen Komponenten des Vorgangs der Öffnung des Herzens angesprochen haben.

²¹Der Entschluss, das Herz zu öffnen, muss Wurzeln im Geist fassen, denn der Geist ist das Original des Geist/Körper-Komplexes, aber kein Geist kann sich selbst gezeigt werden ohne dieses Prinzip von Manifestation, das der Körper genannt wird. Wenn der Geist in seinem Herzen entschlossen ist, diese Einschränkungen, die er gehalten hat, frei zu lassen, ist der Körper nur zu glücklich dem nachzukommen, und leitet dem Herz eine Freude von Freilassung der Spannung zurück, die es, ach, so lang in Schach gehalten hat.

²²Diese Erfahrung von Öffnung des Herzens kann sehr langsam kommen, oder sie kann manchmal in großer Eile kommen. Wir finden, dass wenn die Erfahrung zu plötzlich ist, [dann] kann sie manchmal zu einer Art Reaktion oder Rückprall führen, die den Effekt hat, dass sich das Herz im weiteren Verlauf wieder schließt. Deshalb ist es gut, meine Freundinnen und Freunde, eine [eigene] Studie der Praxis der Öffnung des Herzens anzufertigen, dass sie etwas Nachhaltiges bedeuten möge. Ein zuverlässig offenes Herz ist eine Quelle für Suchende wie keine andere, denn es ist die Plattform, auf der alle weitere Arbeit einer positiven Art unternommen werden kann. Dieser Akt der Akzeptanz, von Selbst durch Selbst, und von Welt durch Selbst und dem Gefühl, vom Selbst und der Welt akzeptiert zu werden, ermöglicht der stärker strahlenden Aktivität damit zu beginnen, manifestiert zu werden.

²³Eine Person mit einem offenen Herzen ist, in eurer Welt, ein seltener Juwel, aber ein Juwel jenseits jeden Preises. Meine Brüder und Schwestern, wir anempfehlen euch dem Projekt der Öffnung des Herzens, denn es ist eine Verschönerung der ganzen Schöpfung, wenn ihr dies tut.

²⁴Ich bin Q'uo, und zu diesem Zeitpunkt würden wir dieses Instrument in Liebe und in Licht verlassen und zu demjenigen zurückkehren, der als Jim bekannt ist, um unsere Kommunikation mit euch für heute abzuschließen. Adonai.

(empfangen von Jim)

²⁵Ich bin Q'uo und bin wieder bei diesem Instrument und grüße euch wieder in Liebe und in Licht durch dieses Instrument. Es ist unsere Ehre zu diesem Zeitpunkt zu fragen, ob es irgendwelche weiteren Fragen geben könnte, auf die wir antworten könnten.

²⁶**Steve:** Darf ich eine stellen, Q'uo?

²⁷Ich bin Q'uo. Natürlich, mein Bruder. Dürfen wir fragen, was deine Frage sein mag?

[28]**Steve:** Gibt es eine speziellere Zusammenstellung von Übungen, die du zur Öffnung des Herzens empfehlen kannst?

[29]Ich bin Q'uo, und bin mir über deine Anfrage bewusst, mein Bruder. Wir würden empfehlen, dass ihr einige Passagen einer besonders ausdrucksstarken Art bezüglich des Herzens findet, die von anderen Autoren geschrieben wurden, die eine solche Untersuchung vorgenommen haben, [und] euch mit vielleicht einigen wenigen Absätzen beschäftigt, und dann auf regelmäßiger Basis über die Bedeutung dieser Botschaften nachsinnt, vielleicht täglich. Wenn ihr empfindet, dass ihr den Kern der Botschaft auf eine mentale Weise verdaut habt, dann nehmt, in eurem meditativen Zustand, diese Frucht eures Denkens und erlaubt ihr, ihren, sagen wir, Auftritt auf der Bühne zu haben, erlaubt ihr, sich vom Geist zu den Gefühlen zu bewegen, zu den Intuitionen, zu Mehr der Arena des Herzens.

[30]Findet mehr als eine oder zwei solcher Passagen. Verwendet sie in Verbindung mit weiterem Denken und Meditation, bis ihr fühlt, dass ihr euer Herz-Zentrum mit diesen   sagen wir, Insignien von bedingungsloser Liebe, [und] des Gebens und Empfangens dieser Liebe, ausgestattet habt. Vielleicht könntet ihr es zu einer persönlichen Erfahrung machen, indem ihr dann eine Freundin oder Freund oder ein Familienmitglied findet, die vielleicht [eine] weitere Besprechung und Ausarbeitung einer mentalen Art über diese kristallisierten Gefühle und Ausdrücke von bedingungsloser Liebe genießen und wertschätzen würden.

[31]Nutzt die Reaktionen von Familie, Freunden und Anderen, um die Aktivität des Herz-Zentrums weiter anzureichern, sodass eine Art Ankurbelung entsteht. Dann seid ihr in der Lage, den Fluss zu spüren, der im Herz-Zentrum beginnt, so dass es zu einer automatischen Reaktion innerhalb dieses Zentrums auf eurer tägliche Runde an Aktivitäten kommt. Wenn ihr eine Situation seht oder hört, die, wie man sagen könnte, an den Herz-Saiten zupft, erlaubt dem Herz seine Reaktion. Das, was vielleicht in der Vergangenheit vernachlässigt oder unterdrückt wurde, erlaubt ihm hervorzukommen und diese expandierende Energie von Akzeptanz, von Liebe, in eurem eigenen Wesen vor einem anderen Wesen oder Situation teilen zu können. Eure Welt, meine Freundinnen und Freunde, hat viele solcher Situationen, auf die einfach durch eure Nachrichtenmedien zugegriffen werden kann, falls notwendig. Wir sind jedoch auch recht sicher, dass jedes Wesen in seinem eigenen Bereich von persönlicher Erfahrung solche Gebiete hat, die vom Empfang der Liebesgaben eures Herz-Zentrums profitieren könnten.

[32]Was wir euch empfehlen, ist, dass ihr immer mehr mit den Eigenschaften von Liebe in einem bedingungslosen Sinn vertraut werdet, und wie sie sich anfühlen könnten, nachdem man ihre mental beschreibenden Parameter berücksichtigt hat. Das Fühlen ist das Wichtigste hier, denn wenn ihr euch vom Geist der Welt zum Geist des Herzens bewegt, dann beschäftigt ihr euch mit den Emotionen, die in keinem anderem Zentrum als im Herz-Zentrum ausgedrückt werden können. Das Herz ist tatsächlich muskelartig. Wenn ihr seine Eigenschaften der bedingungslosen und allmitfühlenden Liebe ausübt, werden diese Eigenschaften erhöht und eure Fähigkeit, sie zu erleben und auszudrücken, werden auch erhöht.

[33]Gibt es eine weitere Frage, mein Bruder, zu diesem Thema?

[34]**Steve:** Nein, danke dir, das war sehr gut.

[35]Ich bin Q'uo. Wir danken dir, mein Bruder. Gibt es eine weitere Frage zu diesem Zeitpunkt?

[36]**Gary:** Q'uo, eine schnelle für mich. Wir haben einen lieben Freund, dessen Name Morris ist, dem

eine besondere schwierige Diagnose gestellt wurde. Gibt es irgendetwas, das wir tun können, um seinen Heilungsprozess zu unterstützen?

[37]Ich bin Q'uo und bin mir über deine Anfrage bewusst, mein Bruder. Es ist für jeden Heilungsprozess immer hilfreich, sich im meditativen und gebetsvollen Geistes- und Seins-Zustand zu betätigen, welcher Liebe und heilende Gedanken und Energien an denjenigen schickt, der die Heilung wünscht. Wir können, jedoch, anmerken, dass es immer am Lebewesen und seinem eigenen höheren Selbst liegt, sagen wir, wie diese Energien verwendet werden sollen. Deshalb ist es gut, sie mit der Hoffnung ihres eventuellen Erfolges in der Zurverfügungstellung der Heilungshilfen zu schicken, aber auch dazu bereit zu sein, dass sie auf irgendeine andere Weise, die nützlich und hilfreich für das Objekt der Heilungsempfindungen ist, eingesetzt werden, wenn diese Energien geschickt werden.

[38]Gibt es eine weitere Frage, mein Bruder?

[39]**Gary:** Gibt es eine Methode, um die Effektivität dieses Sendens und Empfangens zu erhöhen, sei es hinsichtlich Qualität oder Quantität oder beidem?

[40]Ich bin Q'uo und ich bin mir über deine Anfrage bewusst, mein Bruder. Wir finden, dass die verschiedenen Mittel solcher Sendungen verwendet werden können, nicht nur in der gebetsvollen Haltung, oder der meditativen Haltung, oder den Gedanken, die projiziert werden, sondern vielleicht auch mit der einfachen Kommunikation über eure normalen Mittel, sei es das Briefsystem oder das computerisierte Mail-System, wo du in der Lage bist, in klaren und prägnanten Mitteln die Gefühle auszudrücken, die du fühlst, und einen, sagen wir, Kanal aufmachst für klare Kommunikation und dem gegenüberliegenden Empfangen von solcher von demjenigen, der als Morris bekannt ist, sodass eine klarere Wahrnehmung von sowohl seinem Zustand als auch seinen Gedanken diesbezüglich gewonnen werden kann.

[41]Gibt es weitere Anfrage, mein Bruder?

[42]**Gary:** Keine für mich, danke dir, Q'uo.

[43]Wir danken dir, mein Bruder, gibt es eine abschließende Anfrage zu diesem Zeitpunkt?

(lange Pause)

[44]Ich bin Q'uo. Wir haben die Erfahrung, zu euren Anliegen in diesem Kreis der Suche zu sprechen, sehr genossen. Es ist solch eine Freude für uns, hingegebene Seelen zu sehen, mit Herzen und Geist, offen und teilend miteinander vereint, die die schönsten Schwingungen von Liebe auf den Zeit/Raum-Ebenen erschaffen, die in der Tat unsere Himmel erreichen. Wir loben jeden für die Hingabe zur Suche, die euch hierher gebracht hat und euch als eine Gruppe der Suche vereinigt hat.

[45]Wir würden zu dieser Zeit unseren Abschied von dieser Gruppe und diesem Instrument nehmen. Wir lassen jeden von euch, meine Freundinnen und Freunde, in der Liebe und dem unbeschreiblichen Licht des Einen Unendlichen Schöpfers zurück. Wir sind euch bekannt als diejenigen von Q'uo. Adonai, meine Freundinnen und Freunde, Adonai vasu.

Botschaft vom 7. November 2015

⁰¹**Gruppenfrage:** Q'uo, unsere Frage heute ist: Welche Gedanken, Aktivitäten und Energien stärken den Willen?

⁰²Auch, und umgekehrt, welche Gedanken und Aktivitäten zerstreuen, schwächen und lösen den Willen auf?

⁰³Und schließlich, ob du zu dem Punkt sprechen kannst, worin die höchste Funktion oder Verwendung des Willens für ein positiv polarisierendes Wesen liegt?

(empfangen von Jim)

⁰⁴**Q'uo:** Ich bin Q'uo und wir grüßen euch in Liebe und in Licht an diesem Tag. Meine Freundinnen und Freunde, es ist ein großes Privileg für uns, bei euch zu sein, denn wir haben eurem Kreis der Suche zugehört; wir sehen, wie eure Herzen eure Reise in diese grenzenlose Liebe hinein offengelegt haben, die vor jeder und jedem von euch liegt. Ihr kommt aus der Realität eurer Illusion der dritten Dichte, und ihr bringt auf reine Weise diesen Wunsch mit, die Wahrheit zu suchen, wie es genannt wird, die Wahrheit der Einheit aller Dinge. In dieser Wahrheit und in dieser Liebe und in dieser Einheit sind wir geehrt, euch an diesem Tag zu begrüßen. Wir würden, wie immer, bitten, dass ihr diese Worte, die wir zu teilen haben, mit einem, wie ihr sagt, Körnchen Salz nehmt, und diejenigen annehmt, die Bedeutung für euch haben, die für euch ins Ziel treffen, und jene hinter euch lasst, die es nicht tun. Wenn ihr dies für uns tun werdet, wird es eine große Hilfe in unserem Dienst an euch sein, und wir werden nicht befürchten, euch Worte aufzuzwingen, die euch dazu bringen, sie gedankenlos anzunehmen.

⁰⁵Heute habt ihr zu dieser Qualität gefragt, die ihr den Willen genannt habt: wie man ihn unterstützt, wie man ihn hemmt und wie man ihn am besten verwendet. Dies ist eine exzellente Frage, meine Freundinnen und Freunde, denn innerhalb eurer Illusion ist es euer Wille, der euch durch sie hindurch antreibt. [In der Tat,] wie immer ihr auch in der Lage seid, sie zu durchgehen, ist eine Funktion dessen, wie gut ihr euren Willen verwenden und ihn konzentrieren könnt, denn ihr seid Geschöpfe von freiem Willen. Niemand entscheidet wirklich für euch; sie mögen euch Vorschläge anbieten, sie mögen Ratschlag anbieten, sie mögen Inspiration anbieten, sie mögen euch Beispiel anbieten. Was ihr jedoch mit dem tut, was euch angeboten wird, ist eure Entscheidung, was sie sein muss, denn wenn eure Lebenserfahrung darin besteht, irgendeine Bedeutung zu haben, muss sie das Ergebnis eures eigenen Auswählens sein, eurer eigenen Regieführung, eurer eigenen Erfahrungen, und deshalb ist sie es.

⁰⁶Wir würden sagen, dass euer Wille auch beschrieben werden kann als das, was Verlangen ist, oder ein gereinigtes Verlangen. Denn das, wonach euch verlangt, darauf richtet ihr eure Energien, um es zu erreichen. Innerhalb der Illusion um euch herum gibt es Vieles im materiellen Sinn, wonach den Meisten verlangt: Position, Familie, Entlohnung, Anerkennung, und so weiter. Für jene, die mehr, sagen wir, in Richtung des Kerns der Bedeutung eurer Existenz zielen, gibt es auch die Betrachtungen im Hinblick darauf, was die Aufgabe für dieses Lebensmuster ist – wer ihr als ein Wesen seid, das ein Lebensmuster zu vervollständigen hat – und was die Bedeutung von all dem ist, warum ihr hier seid, was euch hierher gebracht hat, wie ihr durch diese Illusion reisen werden, und was der Zweck davon ist.

[07]Jene Eigenschaften, die euren Willen stärken, sind die Eigenschaften, welche dem entsprechen, was auch immer euer reines Verlangen ist. Wenn ihr in eurem meditativen Zustand, oder eurem kontemplativen Zustand, auf die Natur eures Herzens schaut, das, was es ist, von dem ihr fühlt, dass es wirklich erstrebenswert ist – darauf werdet ihr euren Willen ausrichten. Falls ihr euren Willen verbessern möchtet, schaut auf das, was ihr wirklich wünscht, dann übt euren Willen aus. So sehr wie jeder mentale oder körperliche Muskel kann er durch Übung gestärkt werden, aber Übung in welche Richtung? In der Richtung aus dem, was euer Herz erfüllt, was euren Herzenswunsch ausdrückt, was diese Fragen beantworten kann, wer ihr seid, warum ihr hier seid und wie ihr euer Leben leben sollt. Wenn ihr diese Fragen zu eurer eigenen Zufriedenheit beantworten könnt – und realisieren, dass ihr die letztendliche Antwort zuerst nicht finden, aber was immer für Antworten, die ihr findet, verwenden könnt, um eure Praxis des Willens, eure Ausübung von Willen, eure Konzentration von Willen zu verstärken – dann stellt euren Willen in den Dienst an das Höchste und Beste, was ihr euch innerhalb eures eigenen Bewusstseins vorstellen könnt. Dies ist unsere Empfehlung an euch, wie man den Willen ausübt und ihn auf eine, sagen wir, verstärkte Weise einsetzt.

[08]Zu diesem Zeitpunkt werden wir diesen Kontakt an denjenigen, der als Steve bekannt ist, übertragen. Wir sind jene von Q'uo.

(empfangen von Steve)

[09]Ich bin Q'uo und bin mit diesem Instrument. Wir grüßen euch in der Liebe und im Licht des Einen Unendlichen Schöpfers. Wir kommen nun zu dem Umstand zurück, der recht üblich unter euch Menschen ist, und unter jenen, die allgemein in dritter Dichte weilen: dass der Wille, so wie er verstanden wird, und das Verlangen, wie es gefühlt wird, nicht in vollständiger Übereinstimmung miteinander sind. In diesem Umstand können sich Suchende als recht mürrisch empfinden, recht verloren und nicht in der Lage, die tiefere Frage, wer das Selbst werden möchte, überhaupt anzusprechen; denn, meine Freundinnen und Freunde, eure Erfahrung in dieser Dichte, in der ihr euch vor der tieferen Bewusstheit darüber, wer ihr seid, so verschleiert befindet, ist ein Prozess des Werdens. Es ist ein Werden dessen, was ihr sein wollt, aber auch ein Werden dessen, was ihr schon seid, und in dieser widersprüchlichen Situation, empfindet jeder von euch, dass der Pfad eurer Lebenserfahrung verfahren und unklar ist. Um deshalb euren Weg durch die Nebel der Verwirrung zu finden, durch den Dunst von Zweifel, und durch die Pfade von Schuldzuweisungen und Bedauern, müsst ihr immer wieder einen Schritt zurücktreten von diesen Erfahrungen, die am unmittelbarsten um euch herum und höchst fesselnd für euch sind, und etwas Abstand nehmen, wenn ihr so wollt, [um] eine Gelegenheit zum Nachdenken darüber anzunehmen, wie ihr in dieser bestimmten Situation eine Gelegenheit für Dienst finden könntet.

[10]Nun, "Dienen" ist, was ihr ein „sehr großes Wort" nennen mögt, denn es ist eine Funktion, die ernsthaft unternommen wird; sie ist voller Absicht, aber Absicht ist nicht immer von einer Beschreibung. Absicht kann versteckte Durchgänge haben, sagen wir, und sie kann falsche Gesichter haben. Und deshalb ist es nützlich, wenn ihr danach strebt, Anderen um euch herum zu dienen, und von Hilfe zu sein, dass ihr euch zwei Fragen stellt: Die erste und unmittelbarste Frage ist: „Wer bin ich, der danach strebt, zu dienen?" und die zweite Frage ist „Wer ist das, dem gegenüber mein Dienst angeboten wird?"

[11]Meine Freundinnen und Freunde, wir müssen euch sagen, dass die Antwort auf beide Frage

weitgehend verborgen sein würde, deshalb müsst ihr euren Weg mit einer Hoffnung und einem Gebet finden, sozusagen, darüber, wer ihr eigentlich als der Vermittler des Dienstes seid, und wer eigentlich der Empfänger ist. Nur wenn diese zwei Elemente zusammengebracht werden, hat man Dienst tatsächlich bewirkt – nur wenn diese zwei Elemente zusammengebracht werden, erreichen wir die Erfüllung des Rufes, den der Dienst repräsentiert, aber es ist ein Rufen, das immer und immer wieder der Quelle zuhören muss, um sich selbst in der Absicht zu erneuern, die hervorkommt. Auf diese Weise kann es der Fall sein, dass die Natur des Dienstes sogar allein durch das Anbieten dieses Dienstes transformiert wird.

[12]Man weiß nicht, wer man ist, der diesen Dienst anbieten würde, aber man strebt danach, am dienlichsten zu sein, oder vielleicht weiß man nicht, wer es ist, der den Dienst empfangen würde. Und, tatsächlich, entdeckt man oft, dass der Dienst, der im Angebot ist, ein abgelehnter Dienst ist, und dies gibt einem die Gelegenheit, wieder einmal zur Quelle zurückzukehren, zur Intention hinter dem Dienst, der sehr oft, sagen wir, keinen Weg nach vorne in seinem gegenwärtigen Plan findet.

[13]Ein Plan ist etwas, das zu machen jedem von euch sehr vertraut ist. Ein Plan ist eine Skizze davon, wie eine Aktivität oder eine Reihe von Aktivitäten weitergehen kann, und es ist üblich, einen Plan zu machen und dann den eigenen Willen an einem Plan auszurichten, der gemacht wurde. Der schwierige Moment kommt dann, wenn Umstände entstehen, in denen einen Plan, der gemacht wurde, als nicht besonders passend für die Situation angesehen wird, von der man entdeckt, dass man in ihr steckt. An dem Punkt, an dem diese anfängliche Wahrnehmung über einen kommt, ist es gut, einen Schritt zurückzumachen und zu fragen, ob es vielleicht eine Überinvestierung in den vorliegenden Plan gibt; zurückzutreten und zu fragen, wer der Planende war; zurückzutreten und zu fragen, ob der Plan dem Dienst zukommt, der beabsichtigt ist.

[14]Nun, dies kann ein schwieriger Vorgang sein, denn es ist keine einfache Angelegenheit, die Elemente des Planens von den Gefühlen des Verlangens zu dienen zu trennen. Sie sind im Allgemeinen auf eine rechte kompakte Weise zusammengepresst, so sehr, dass es so aussehen kann, als ob jemandes' ganzes Wesen von jemandem abgelehnt wird, der es bevorzugt, das Geschenk des Dienstes, das man vorgebracht hat, nicht zu empfangen. Man empfindet, dass die Tatsache, dass der Dienst von der anderen Partei nicht als erwünscht empfunden wird, darauf hindeutet, dass die eigene Person abgelehnt wird, und manchmal kann die Geste der Ablehnung oder der Ausdruck von Verweigerung so energisch sein, dass es sehr schwierig ist, diesen Standpunkt nicht einzunehmen.

[15]Wiederum, schlagen wir an diesem Punkt vor, dass ein Schritt zurück oder ein strategischer Rückzug höchst nützlich ist; dass während dieser kleinen Akte der Meditation, die eure Tage besäen können, um Hilfe gerufen werden kann, mit dem Ziel, das Selbst neu zu sammeln und einen neuen Plan zu machen, sozusagen. Es ist nicht immer eine günstige Gelegenheit, um mit irgendeinem Plan weiterzumachen, den man kurz entschlossen machen könnte, in welchem Fall es einfach ratsam ist, dass ihr euren eigenen Weg geht.

[16]Wir finden, meine Freundinnen und Freunde, dass es sehr üblich unter euch Menschen ist, dass Gemüter hin und hergerissen sind; dass sie von einer Sache angezogen werden, dann einer anderen, und dass es eine solche Verwechslung von Verantwortlichkeiten, von Pflichten, von

Rufen nach Dienst dieser oder jener Art gibt, dass man kaum weiß, wie man in einer klaren und ganzheitlichen[10] Weise weitermachen soll. Die Verwirrung selbst jedoch hat insofern einen gewissen Wert, als dass sie eine Verwirrung, die von eurem eigenen tieferen Wesen zur Oberfläche eurer Lebenserfahrung hochgekommen ist, reflektiert, und das Üben des Ordnens der Möglichkeiten von Dienst, das Üben des Ordnens der individuellen Verlangen und der individuellen Handlungen des Willens, die mit diesen Verlangen verkuppelt werden könnten.

[17]Diese Übungen, sagen wir, müssen integriert werden, und können es, im Laufe einer Lebenserfahrung und in kleinen Schritten. Deshalb, während es wahr sein könnte, dass man von diesem oder jenen Individuum, oder dieser oder jener bestimmten Situation, nur eine partielle[11] oder verzerrte Spiegelung des Dienstes, den man anbietet, bekommt, kann diese Voreingenommenheit[12] als ein Geschenk an sich gesehen werden – kann als ein Element gesehen werden, im Prozess des Lernens, das wahre Selbst zu entdecken; des Lernens, das Selbst zu entdecken, das wahrlich will; des Lernens, das Selbst zu entdecken, das wahrlich begehrt. Während wir also in einem allgemeinen Sinn sagen können, das Wille und Verlangen, wenn richtig gesehen, zu einem einzelnen Phänomen zusammenlaufen, stellt sich sehr oft heraus, dass sie überhaupt nicht in Übereinstimmung sind, und dass die zwei Momente oder zwei Elemente nach dieser Art von Heilung schreien, sozusagen, die stattfinden kann, wie sie in Übereinstimmung gebracht werden. Der Wille wird gestärkt, wenn er sich durch Verlangen gefüttert fühlt. Verlangen wird begradigt[13], wenn es sich mit dem Willen in Verbindung gebracht fühlt. Der Wille und das Verlangen sind nicht zwei Dinge, sondern eins. Dieses Eine, ist jedoch auch zwei.

[18]Und so, meine Freundinnen und Freunde, nehmt ihr durch die Lebenserfahrung wahr, mit mal einem Sinn von starkem Zweck und klarer Richtung, und mal einem Sinn von völliger Verwirrung und Verlust des Selbst. Dies ist die Bestimmung der verschleierten Erfahrung von dritter Dichte. Ihr wisst nicht, wer ihr seid, aber schlagt euch wacker in der Unternehmung, dies herauszufinden. Ihr wisst sehr oft nicht, was ihr begehrt, aber schlagt euch wacker in dem Unterfangen, es herauszufinden. Und manchmal wird es so scheinen, dass das Begehren, das ihr im Inneren entdeckt, eines ist, das man kaum gutheißen kann. Wer ist das, der dieses Begehren so entschieden ablehnt, das es dennoch als sein eigenes besitzen muss? Wer ist das, der lernen muss, anzuerkennen, dass man selbst Begehren hat, von denen man sich vielleicht wünscht, dass man sie nicht hätte? Wer ist es, der sogar gegen das Samenkorn von Begehren begehren kann und sich als Ergebnis in eine recht schöne Bretzel verwickelt wiederfindet?

[19]In der Tat, wer ist es? „Ich bin es, " müsst ihr euch zuflüstern, „ich bin es, ich bin es, der begehrt," aber ich bin es, der begehrt, immer klarer zu begehren. Ich bin es, der begehrt, in Übereinstimmung mit einem Verlangen zu begehren, dass ich gutheiße. Und ihr könntet fragen: „Was ist in diesen Prozess eines Wertes eingegangen, den ich umarme, um anzuerkennen, welche

---

[10] Im Original: integrated – auch: integriert

[11] Im Original „partial", was „teilweise", aber auch „parteiisch" bedeuten kann.

[12] Im Original partiality": auch Befangenheit, Vorurteil, Parteilichkeit

[13] Im Original: „straightened" (auch „ausgerichtet")

Verlangen ich stärken möchte, und welchen Verlangen ich erlauben möchte, ihren Weg in einen Zustand hinein zu finden, in dem sie verzehrt und aufgebraucht wurden?" Wir drücken diese Angelegenheit so aus, um euch vorzuschlagen, dass wir es nicht hilfreich finden, den Wert, den ihr in euch selbst erkannt habt, zu verwenden, um den Wert, an dem ihr euren Willen ausgerichtet habt, dafür zu verwenden, um jene Begehren harsch zu verurteilen, von denen ihr entschieden habt, dass ihr sie nicht fördern möchtet.

[20]Ein Begehren ist einfach Leben, das sich selbst in eurer eigenen Person ankündigt. Und Leben ist vielfältig und kann recht zufällig in seinen Ausdrucksformen sein. Es kann die ganze Reise von Angst zu Freude und wieder zurück in einem Herzschlag machen; und die Praxis jener, die Erfahrung darin gewonnen haben, mit der Lebenskraft umzugehen, und mit dem vagabundierenden Freund umzugehen, den man „Verlangen" nennt, ist zu lernen, ihm Gelegenheiten für Selbst-Ausdruck zu geben, die eine bessere Aussicht darauf haben, mit anderen Möglichkeiten des Selbst-Ausdrucks in Übereinstimmung gebracht zu werden, die immer mehr dazu führen, ein Selbst auszudrücken, welches „das Selbst" ist, von dem ihr lernt, dass ihr es wirklich seid. Auf das, was ihr wirklich seid, kann gelegentlich ein Blick durch den Nebel von Katalyst erhascht werden, durch die Nebel der verstreuten und zufälligen Energien, von denen man auf täglicher Basis umgeben ist, denn aus diesen Nebeln heraus kann, zuerst schimmernd, aber klarer, wenn ihr voranschreitet, ein Gefühl dafür erscheinen, wer ihr im Begriff seid zu werden, ein Gefühl für das, was euch ruft, um das zu werden, von dem ihr fühlt, dass ihr es wirklich seid.

[21]Meine Freundinnen und Freunde, wir können euch sagen, dass das, was sich in eurer Person als Verlangen ankündigt, flexibel genug ist, um umgewandelt werden zu können, wenn ihm die Gelegenheit geben wird, seinen Ausdruck in immer höheren Ausführungsarten zu finden. Deswegen ist es gut, zu begehren, zu dienen; und es ist sogar noch besser, diesem „Verlangen zu dienen" zu ermöglichen, im Prozess des Übens der Aktivität des Dienens transformiert zu werden. Es ist gut, einen Plan zu haben, aber es ist besser, diesem Plan zu erlauben, sich selbst neu zu formen, wenn die Realisierung erreicht wird, dass es für ihn vielleicht einen klareren Ausdrucksmodus gibt, dass es für ihn vielleicht eine wahrere Übereinstimmung mit dem Willen gibt, der sich, sogar während ihr über die Angelegenheit nachdenkt, im Prozess der eigenen Neuformulierung befindet.

[22]Und auf diese Weise, kann man herausfinden, dass das Selbst nicht so sehr das Bedürfnis empfindet, verteidigt zu werden. Das Selbst empfindet nicht so sehr das Gefühl, dass es auf sich selbst begrenzt ist. Das Selbst empfindet nicht so sehr, dass der Wille, den es ausdrückt, ihm allein gehört. Es ist ein Wille, der als der Wille des Schöpfers gesehen werden kann. Aber wer ist der Schöpfer? Wer ist der Schöpfer, außer der Eine, der hier und jetzt schöpfen würde, und hier und jetzt findet man, dass, um zu schöpfen, der Schöpfer die Mitarbeit dieses kleinen Selbstes benötigt: dieses kleine System von Wünschen und Absichten und, ja, Zweifeln und Bedenken, die das Ich immer „mein Selbst" genannt hat. Und so geht der großartige Vorgang der spirituellen Evolution weiter, meine Freundinnen und Freunde, wenn das kleine Selbst ein wenig weniger sich selbst wird, und ein wenig mehr schöpferisch, Tag für Tag, Anstrengung auf Anstrengung, gute Absicht auf gute Absicht, Hoffnung auf Hoffnung, und Freude auf Freude.

[23]Wir sind jene von Q'uo, und wir haben es genossen, an diesem Herbsttag bei euch zu sein. Wir danken euch dafür, dass ihr unseren Worten zugehört habt, und verlassen dieses Instrument zu

diesem Zeitpunkt in der Liebe und im Licht des Einen Unendlichen Schöpfers, und kehren zu demjenigen zurück, der als Jim bekannt ist, um herauszufinden, ob es noch Fragen in den Gedanken der Anwesenden gibt. Adonai, meine Freundinnen und Freunde, Adonai.

(empfangen von Jim)

[24]Ich bin Q'uo und bin wieder mit diesem Instrument – wir pausieren – Ich bin Q'uo und wir sind wieder mit diesem Instrument, und würden fragen, ob es weitere Fragen von jenen in diesem Kreis der Suche geben könnte, zu denen wir sprechen könnten.

[25]**Gary:** Q'uo, du hast umfangreich, erkenntnisreich und, wenn ich das hinzufügen darf, auf schöne Weise zum ersten und dritten Teil der Gruppenfrage gesprochen. Könntest du auch direkt zur zweiten Frage sprechen, die lautet: „Welche Gedanken und Aktivitäten zerstreuen, schwächen und lösen den Willen auf?"

[26]**Q'uo:** Ich bin Q'uo und bin mir über deine Anfrage bewusst mein Bruder. Wir bitten um Verzeihung dafür, dass wir eure Frage nicht in all ihren Teilen beantwortet haben. Die Qualitäten, die dazu neigen, den Willen zu schwächen, sind jene, die die Fähigkeit eines Wesens schwächen, Entscheidungen auf eine klare und rationale Weise zu treffen, denn wenn ein Wesen findet, dass es Zweifel gibt, der nicht angesprochen sein mag, und der im Vordergrund des Geistes Platz nimmt, dann ist dies eine Qualität, die das schwächt, was ihr den Willen nennt. Ein solcher Wille wird in einem geschwächten Zustand bleiben, bis dem suchenden Wesen Informationen oder Inspirationen zur Verfügung stehen, die besagten Zweifel auflösen oder entfernen können.

[27]Wir finden, dass dies bei den meisten Wesen die Hauptursache dafür ist, dass sie ihren Willen nicht ausüben können, denn wenn es an Informationen mangelt, oder es an dem Wunsch mangelt, Informationen zu finden, dann hat der Wille keine Mittel, um ausgeübt zu werden. Dies begründet, oftmals, eine, wie ihr es nennen würdet, „Abwärtsspirale" der Entscheidungsfindung und Bewegung des Geist/Körper/Seele-Komplexes entlang der Linie des evolutionären Prozesses, denn oft gibt es eine Schwächung von Information, Schwächung von Verarbeitung von Information, und eine Schwächung des Wunsches, nach Informationen zu suchen, die Zweifel auflösen und die Qualität des Willens wieder beleben können. In einer solchen Situation gibt es dann, was ihr ein Dilemma nennen mögt: Bis man ausreichend reines Verlangen oder Willen generiert hat, um an dieser Blockade des Willens zu arbeiten, bleibt der Wille blockiert.

[28]Die Schwierigkeiten im Suchen und Streben nach dem, was Zweifel zerstreuen kann, werden oft von jenen erlebt, die den bewussten Teil des Weges der Suche nach der Wahrheit, sagen wir, gerade erst betreten haben, und noch nicht entdeckt haben, wie man mit Rückschlägen, den Windungen und Verdrehungen auf dem Pfad umgeht, die zweifelnde Suchende sicherlich finden werden. In solchen Fällen gibt es die Notwendigkeit, die Energien mit Anderen der gleichen Geisteshaltung zu verbinden, denn innerhalb einer Gruppe von suchenden Seelen kann es Ermutigung für junge Suchende geben, so dass sie die Zweifel überwinden, an den Schwierigkeiten vorbeiziehen und ihre eigene Reise der Suche nach ihrer inneren Wahrheit wieder bekräftigen können.

[29]Oft wird solcher Zweifel von Anderen, die, sagen wir, weniger Beachtung für den Vorgang der Suche haben, dort platziert, und mag das Wesen auf Arten in Frage stellen, in denen es nicht antworten kann, und nicht ergründen kann, wie es einen Teil seiner eigenen Reise machen kann,

wenn die Fragen vom suchenden Wesen entweder nicht richtig verstanden oder nicht richtig thematisiert wurden. Manchmal gibt es die Unterstützung, die eine Gruppe von Gleichgesinnten jenen innerhalb der Gruppe geben kann, die von Zeit zu Zeit in der Ausübung des Willens und der Kontinuität der Suche scheitern mögen. Jene, die bereit sind, zusammen zu suchen, finden eher das, was gesucht wird, und wir empfehlen das Zusammenschließen aller Wesen, die den, sagen wir, Heiligen Gral auf der Reise finden möchten, sodass alle sich gegenseitig Unterstützung geben können.

[30]Dies ist eine Reise, die nicht dafür gedacht ist, sagen wir, vollständig allein unternommen zu werden, auch wenn sie in ihrer eigentlichen Essenz eine einzigartige Reise ist, die niemand für euch unternehmen kann; jene Freundinnen, Freunde und Beigesellte, die auf einer ähnlichen Reise sind, können jedoch eine Unterstützung der Inspiration, oder des Beispiels, leihen, sodass alle innerhalb der Gruppe durch solches Teilen der Liebe des Suchens, der Liebe des Weges, und der Liebe jener innerhalb der Gruppe, unterstützt und gestärkt werden.

[31]Gibt es eine weitere Frage, mein Bruder?

[32]**Gary:** Zu dieser Frage nicht. Diese Antwort wird mich sicher dazu inspirieren, meinen Willen nicht mehr durch Schwelgen in Selbstzweifel zu zerstreuen. Danke dir.

[33]**Q'uo:** Ich bin Q'uo. Wir danken dir, mein Bruder. Gibt es eine weitere Frage in dieser Gruppe?

[34]**Steve:** Q'uo, gibt es den Fall, dass Wille anmaßend wird?

[35]**Q'uo:** Ich bin Q'uo und bin mir über deine Anfrage bewusst, mein Bruder. Du fragst nach einem interessanten Punkt in diesem Zusammenhang. Dies ist eine Möglichkeit, die nicht oft gesehen wird, die jedoch ihre eigene Realität in jenen Wesen besitzt, die, sagen wir, neben dem, was ihr „die metaphysische Reise der Wahrheitssuche" nennen mögt, einen Erfolg hatten. Vielleicht gab es einen Erfolg in der materiellen Welt im Erhalten der Objekte, Dinge und Stationen des Respekts und Überflusses, und diese Errungenschaften können das Wesen, das sie erreicht hat, fühlen lassen, dass es, sagen wir, „allmächtig" ist, sodass die Ausübung des Willens, sagen wir, in dieser Hinsicht das werden kann, was Anderen helfen kann, selbst wenn sie nicht gefragt werden.

[36]In solchen Fällen erkennen wir, dass die erfolgreiche Anwendung von Willen in dem Teil des Geistes, auf den ihr euch als den „Ego-Geist" bezogen habt, ein falsches Gefühl der Sicherheit und sogar eine, sagen wir, Mission geben kann, dass es andere Wesen auf seinen Erfolg aufmerksam macht, und sie entlang eines ähnlichen Pfades führt. Diese Art von Erfolg ist jedoch in den meisten Fällen nicht das, was in einem 1:1-Sinn weitergegeben werden kann, denn für jeden möglichen Anhänger gibt es die Notwendigkeit, diesen Weg für sich selbst wählen zu können, und wenn man solche Erfolge hatte und sie Anderen gewähren oder aufzwingen möchte, dann wird es Dissonanz zwischen den Zielen jedes Wesens geben, sodass es wenig Erfolg gibt, der von den Anhängern erfahren wird, und nur, sagen wir, das Gefühl, unterwürfig zu sein und unter der Kontrolle eines anderen zu stehen. In solchen Fällen ist zu hoffen, dass das Wesen, das versucht, seinen Willen einem anderen aufzudrücken, sich selbst in den Spiegelbildern jener um es herum reflektiert sehen kann, die dazu neigen, vor solch einer machtvollen Aufdrängung des Willens eines Anderen auf sie selbst zurückzuscheuen.

[37]Gibt es eine weitere Frage, mein Bruder?

[38]**Steve:** Nein, danke dir.

[39]Ich bin Q'uo, und wir danken dir, mein Bruder. Gibt es eine letzte Frage für diesen Nachmittag?

[40]**Gary:** Eine kurze, Q'uo: Wie würdet du einen starken Willen für ein positiv polarisiertes Wesen definieren?

[41]**Q'uo:** Ich bin Q'uo und bin mir über deine Frage bewusst, mein Bruder. Jene positiv polarisierten Wesen, die, sagen wir, einen starken Willen zeigen, sind jene, die in der Lage waren, die Natur ihrer eigenen Seiendheit so zu vergrößern, dass die Positivität anfängt, um einen herum gezeigt zu werden, ganz so, wie die Sonne an einem wolkenlosen Tag. Solche Wesen zeigen am ehesten durch Beispiel anstatt durch Worte, und streben höchstwahrscheinlich danach, in Dienst zu teilen, wenn gebeten, und setzen ihre Reise der Suche am ehesten auf eine einzelgängerische Weise in jeder Ebene ihrer täglichen Anstrengungen fort, sodass es keinen Teil der täglichen Runde von Erfahrung gibt, der nicht von dem profitiert, wonach dieses Wesen innerlich strebt, denn positiv polarisierte spirituell Suchende suchen den Einen, und finden den Einen, überall, denn es gibt nichts als den Einen. Solch ein Wesen wird den Schöpfer sehen und dem Schöpfer die Liebe geben, welche die eigene des Schöpfers ist, die diesem Wesen gegeben wurde und vor und zurück geteilt wird. Für solch ein suchendes Wesen ist die tägliche Runde an Aktivitäten eine fortgesetzte Gelegenheit, die Liebe des Einen Unendlichen Schöpfers zu suchen und zu teilen.

[42]Meine Freundinnen und Freunde, wir sind euch, jedem und jeder Einzelnen von euch, sehr dankbar dafür, dass ihr uns ermöglicht habt, an diesem Nachmittag zu euch zu sprechen. Es ist uns ein großes Privileg gewesen. Wir sehen diesen Kreis der Suche als eine Quelle von großem Licht, das über diese Stätte hinausreicht, in die Bereiche des Metaphysischen hinein, wo sich Viele eines solchen Strebens bewusst sind, und sich mit euch über eure Suche freuen und ihr ihre Energien leihen, vor allem, wenn sie gefragt werden, denn auch sie sind Kräfte des Lichts, die im Weg des Dienstes an Anderen suchen.

[43]Wir möchten, zu dieser Zeit, unseren Abschied von diesem Instrument und dieser Gruppe nehmen. Wir verlassen euch in der Liebe und im Licht des Einen Unendlichen Schöpfers. Wir sind euch bekannt als diejenigen von Q'uo. Adonai, meine Freundinnen und Freunde, Adonai

Botschaft vom 21. November 2015

⁰¹**Gruppenfrage:** Lieber Q'uo, diese Welt wird von wiederkehrenden Geschichten intensiven Konflikts, der Disharmonie und des Leidens bedrängt. Ein aktuelles Beispiel geschieht in Europa, wo Hunderttausende von Flüchtlingen ihre problembeladenen Heimatländer verlassen haben, um Sicherheit, Gefahrlosigkeit und eine neue Lebenschance zu finden. Es gibt viele begrüßende Energien, die diese Flüchtlinge erwarten, aber auch viel Widerstand und, an einigen Orten, sogar gewaltsame fremdenfeindliche Angriffe.

⁰²Unser prinzipieller Fokus heute liegt auf der Bedeutung und dem Zweck dieser Ereignisse. Sind diese Auslöser designt, könnte man sagen, um als Mechanismen für globalen Auslöser zu dienen, der viele, wenn nicht alle, innerhalb der Illusion betrifft? Das heißt, erwecken diese Auslöser die globale Identität, indem sie uns dabei helfen, harten Fragen über Liebe und wer wir sind gegenüber zu treten?

⁰³Der zweite Schwerpunkt unserer Frage liegt auf Dienst. Wie können diejenigen, die auf diese belastenden Momente reagieren und feststellen, dass sie dienen wollen und Liebe ausstrahlen wollen, sich um die Bedürfnisse von Flüchtlingen und all jenen, die an Unterdrückung leiden, kümmern? In der Tat, was können wir wirklich in unseren täglichen Leben und in Meditation tun, um diesem belasteten Planeten Frieden zu bringen?

(empfangen von Jim)

⁰⁴**Q'uo:** Ich bin Q'uo und grüße jeden von euch in der Liebe und im Licht des Einen Unendlichen Schöpfers. Es ist uns ein großes Privileg, mit euch an diesem Nachmittag in eurem Kreis der Suche zu sprechen. Wir sind uns der Fragen in eurem Geist und in euren Herzen bewusst gewesen, und wir hoffen, dass wir in der Lage sein werden, diesen Sorgen ein klein wenig Erkenntnis hinzuzufügen, wenn wir sie an diesem Tag ansprechen. Wir würden euch, wie immer, als einen Gefallen an uns bitten, dass ihr eure eigene persönliche Unterscheidungskraft verwendet, wenn ihr unseren Worten zuhört, damit ihr diejenigen annehmen könnt, die Bedeutung für euch haben, und alle anderen hinter euch lasst, denn wir würden uns nicht wünschen, ein Hindernis für euch zu sein.

⁰⁵Falls ihr uns diesen Gefallen tun würdet, würden wir uns höchst frei fühlen, unsere Meinung zu sprechen – und wir unterstreichen "Meinung", denn das ist, was wir für wahr befunden haben; wir behaupten nicht, dass wir unfehlbare Informationsquellen sind. Wie einer der großen Schriftsteller, derjenige, der als William Shakespeare bekannt ist, sagte: "Die ganze Welt ist Bühne"¹⁴, und all die Menschen lediglich Akteure; jeder spielt in seiner Zeit viele Rollen, und dies,

---

¹⁴ Aus Shakespeares *Wie es euch gefällt*, zweiter Aufzug, siebente Szene:

> *Die ganze Welt ist Bühne*
> *Und alle Fraun und Männer bloße Spieler.*
> *Sie treten auf und geben wieder ab,*
> *Sein Leben lang spielt einer manche Rollen ...*

meine Freundinnen und Freunde, finden wir, ist über den Verlauf eurer ganzen aufgezeichneten Geschichte wahr, und auch heute wahr, denn die Ereignisse auf eurem Planeten, jedes einzelne von ihnen, hat für jedes einzelne Wesen, das zu dieser Zeit innerhalb eurer dritte Dichte-Erfahrung existiert, eine Relevanz.

[06]Euer Planet ist, wie ihr wisst, recht gut innerhalb der vierten Dichte in den Zeit/Raum-Bereichen eurer inneren Ebenen verwurzelt. Es gibt eine große Bewegung von Gedankenenergie in diese Bereiche hinein, von vielen auf der Oberfläche eures Planeten. So wie die Erfahrungen, die Zeiten, die Intensitäten und die Spielarten sich ändern und zunehmen, und sich von Wesen zu Wesen bewegen, von Land zu Land, ermöglichen sie die erhoffte Erweiterung des Energiezentrums des grünen Strahls, das in der Lage sein will, seine bedingungslose Liebe und Verständnis mit allen auf der Oberfläche des Planeten herum zu teilen.

[07]Dies ist die Zeit des Abschlusses, die Zeit der Ernte, auf eurem Planeten, und all jene, die zu dieser Zeit hier sind, sind in ihren Seelen-Essenzen hoffnungsvoll und fähig, geerntet zu werden. Jeder hat jedoch ein Fragment dieser Essenz mit den Hoffnungen in diese dritte Dichte-Illusion hinein projiziert, dass die verbleibenden Lektionen – die die Fähigkeit für Abschluss zur Verfügung stellen werden – innerhalb der "kurzen Zeit", wie ihr es nennen würdet, gelernt werden können, die von der dritten Dichte für diesen bestimmten Planeten übrig bleibt.

[08]Dementsprechend hat jedes Wesen die Gelegenheiten für das Lernen dieser Lektionen, welche die Öffnung des Herzchakras ermöglichen werden, sagen wir, programmiert, sodass bedingungslose Liebe sich vom roten Strahl aus durch den orangen, den gelben und zum grünen Herzstrahl hindurchbewegen und von dort aus nach außen zu denjenigen um jedes Wesen herum strahlen kann. Wie ihr euch vorstellen könnt, gibt es verschiedene Grade des Erfolgs in diesem Programm der Öffnung des Herzchakras. Wesen mögen jede Art von Erfahrung, die ihr euch möglicherweise vorstellen könnt, und viele, die ihr euch nicht vorstellen könnt, in der Hoffnung programmieren, dass diese Öffnung des Herzchakras erreicht wird.

[09]Für viele Wesen geschieht das Lernen mehr auf einer, sagen wir, Massenebene. Diese Wesen, sind jene, die sich innerhalb der Nationen eurer planetaren Sphäre, die üblicherweise als von der "Dritte-Welt-Art" beschrieben werden, gefunden haben, was in allgemeinen Begriffen in der dritten Dichte weniger der Ressourcen des Planeten für die eigene Verwendung zur Verfügung zu haben, das Bedürfnis nach individuellem Ausdruck, der ein Stück weit geschwächt ist, und den, sagen wir, diktatorischen Ausdruck von Beherrschung und Herrschaft bedeutet, der, in seinem Gegenzug, eine Art von Umbruch innerhalb verschiedener Kulturen verursacht, welche das Aufstehen und Aufquellen des Bedürfnisses nach Ausdruck persönlicher und individueller Freiheiten spüren. So, wie diese Freiheiten Grenzen und Schranken innerhalb des akzeptierten kulturellen Milieus verschiedener Zahlen und Massen von Wesen erleben, beginnen die Teile der Kultur, die sich am stärksten unterdrückt fühlen, mit ihrem Ausdruck von Rebellion, wie, in der Tat, dieses Land selbst, in dem ihr jetzt seid, sein Bedürfnis zu rebellieren vor vielen eurer Jahre in dem gefunden hat, was in der Sitzung dieses Nachmittags "Der Schuss, der um die ganze Welt

---

Aus der Übersetzung von August Wilhelm von Schlegel auf http://www.gutenberg.org/cache/epub/7041/pg7041.html

gehört wurde"[15] genannt wurde.

[10]Auf diese Weise stoßen alle Wesen, an irgendeinem Punkt innerhalb ihrer inkarnativen Erfahrung, auf das Bedürfnis, die individuellen Freiheiten und Vorrechte auszudrücken, auf was auch immer für eine Weise möglich ist. Wenn es nicht möglich ist, dies als eine normale Routine oder Erfahrung innerhalb der kulturellen Illusion zu tun, dann findet das statt, was ihr die Rebellionen, die Guerilla-Kriegsführung und so weiter nennt. Wir finden, dass in den Vielen aus den Ländern, die nun die, wie ihr sie genannt habt, Immigranten liefern – die Massen, die diese Regionen aufgrund von innerem Konflikt und Bürgerkrieg, wie ihr es nennen würdet, verlassen, die sich auf der Wanderung zu jenen Regionen von erhoffter Sicherheit innerhalb der kulturellen Ausdrucksformen befinden, die ihr den europäischen Kontinent nennt – dass in diesen Wesen die Gelegenheit kommt, solche Seelen auf der Suche nach Sicherheit willkommen zu heißen, während sie in ihrer Richtung reisen, mit Hoffnung im Herzen und sehr Wenig außer den Kleidern auf ihrem Rücken. Und dann ist da die Möglichkeit, die Energie des Herzchakras auszudrücken, indem diese Wesen akzeptiert werden, oder nicht, wie im Falle Vieler innerhalb der Staateneinteilung dieses Landes, die erklärt haben, dass solches nicht geschehen soll.

[11]Ihr habt, in der Tat, große Massen von Wesen innerhalb der planetaren Sphäre, die jetzt beteiligt sind an einer Lektion einer großen Lernerfahrung, ob oder ob nicht die Prinzipien, die innerhalb der religiösen Systeme der Kultur jedes Landes gelehrt werden, tatsächlich Lektionen sind, durch welche die Kultur selbst leben wird, oder ob sie vielleicht ignoriert werden sollen; ob vielleicht das Energiezentrum des grünen Strahls verschlossen bleiben soll wie die Grenzen innerhalb gewisser Länder oder Staaten, oder ob es die Möglichkeit einer Öffnung des Herzchakras – auf einer Ebene groß genug, um große Zahlen von Wesen, die wenig haben, an das sie sich im Wege der täglichen Erhaltung klammern können, zu begrüßen – und des zukünftigen Ausdrucks von Freiheit und Heimat eines Lebens gibt, das in normaleren Umständen gelebt wird.

[12]Es ist der große Test der Bevölkerung eures Planeten zu dieser Zeit, den man vergleichen kann mit der letzten Prüfung, die viele innerhalb eures Bildungssystems am Ende des Schuljahres durchlaufen. Dies, meine Freundinnen und Freunde, ist die große Prüfung des Herzens; ob es für diejenigen geöffnet werden kann, die Fremde genannt werden, für jene, die manche Gefahren nennen würden; ob es gesehen werden kann, dass – in der Tat, wie das Einstimmungslied, das gespielt wurde, bevor diese Sitzung begann – Gott wahrlich einer von uns ist[16]? Beobachtet der

---

[15] Aus dem gleichnamigen Wikipedia-Artikel: ""Der Schuss, der um die ganze Welt gehört wurde ist in den USA eine bekannte Redewendung, die sich auf den Beginn des Amerikanischen Unabhängigkeitskrieges bezieht. Die Redewendung stammt aus der ersten Strophe von Ralph Waldo Emersons „Concord Hymn" von 1837 und beschreibt die Wirkung der Schlacht von Lexington und Concord an der Alten Nordbrücke in Concord (Massachusetts) vom 19. April 1775

[16] Das Einstimmungslied für diese Sitzung war "One of Us" (Einer von uns) von Joan Osbourne; einem Song, der 1995 auf dem Album *Relish* veröffentlicht wurde, und der einen Chorus mit folgenden Worten enthält:

> *Was, wenn Gott einer von uns wäre?*
> *Nur ein Chaot, wie einer von uns?*

Schöpfer von irgendwo, wie all dies geschieht, oder ist der Schöpfer hier unter euch, in euch, und erlebt alles, was ihr fühlt, seht und euch vorstellt?

[13]Meine Freundinnen und Freunde, wir glauben, dass ihr die Antwort auf diese Frage kennt. In der Tat, der Schöpfer ist in Allen. Alle Wesen auf diesem Planeten sind Ausdrucksformen des Einen Unendlichen Schöpfers, der diese Gelegenheit genommen hat, um jedem seiner Teile Freiheit des Willens zu geben, damit Lektionen ausgedrückt und gelernt werden können, und die Früchte des Lernens von Erfahrung können dem Schöpfer dargebracht werden, als ein Mittel, mit dem er sich selbst erkennen kann, auf Wegen, die nicht möglich wären, ohne dass freier Wille in der Weise ausgeübt wird, in der er jetzt ausgeübt wird.

[14]Macht nicht den Fehler, denn tatsächlich gibt es keine Fehler, [zu denken,] dass der Schöpfer nicht von jeder Entscheidung, die von jedem Wesen auf der planetaren Oberfläche gemacht wird, lernen kann. Einige der Lektionen, die gelernt werden, mögen sein, dass es, in manchen Umständen, eine Grenze für die Menge an grüner-Strahl-Energie gibt, die einige Wesen in der Lage sein können, an jene anzubieten, die verschieden genug von ihnen selbst erscheinen, um diese universelle Energie der Akzeptanz, von Verständnis und von Toleranz verwehrt zu bekommen. Es mag für die Meisten der Wesen auf dem Planeten die Notwendigkeit geben, diesen großen Zyklus des Lernens auf einem anderen Planeten der dritten Dichte zu wiederholen, falls die Lektionen hier nicht gelernt werden können. In der Tat ist ein Großteil der Bevölkerung dieses Planeten von anderen, wo diese Lektionen nicht gelernt wurden, zu diesem Planeten hin "recycelt" worden.

[15]Es ist unsere große Hoffnung, dass mehr Wesen auf dieser planetaren Oberfläche tiefer in ihre Herzen schauen können und sehen, wo es Platz gibt für andere Wesen; dass die Umarmung der Familie über den Haushalt hinausreichen mag, über die Gemeinde, über den Staat oder sogar das Land, dass alle Wesen, am Ende, als das Selbst gesehen, als der Schöpfer gesehen werden können. Wir verstehen, dass dies nicht wahrscheinlich ist, meine Freundinnen und Freunde, jedoch ist es immer möglich, und wir hoffen, dass jeder von euch diese Lektionen recht buchstäblich zu Herzen nehmen mag, und ihr in eurem eigenen Herzen den Pfad des Dienstes an jene um euch herum findet, der eure wahren Gefühle hinsichtlich des Einen Schöpfers ausdrücken wird.

[16]Wir würden, zu diesem Zeitpunkt, den Kontakt an denjenigen, der als Steve bekannt ist, übertragen, damit wir den zweiten Teil der Frage für den Nachmittag ansprechen könnten. Wir sind euch als jene von Q'uo bekannt; wir transferieren diesen Kontakt zu diesem Zeitpunkt.

(empfangen von Steve)

[17]Ich bin Q'uo, und ich bin bei diesem Instrument. Wir würden beginnen, indem wir diesem Instrument für die Sorgfalt danken, mit der es uns vor unserer Kommunikation herausfordert, denn unser Verständnis ist, dass es viele Stimmen gibt, die sich wünschen würden, ihre mit unseren zu vermischen, und nicht alle diese Stimmen sind von einer Einstellung, dem Einen

---

Nur ein Fremder im Bus, der versucht,
Seinen Weg nach Hause zu machen.

Schöpfer in der Weise, und in der Polarität, zu dienen, mit denen wir zu dienen gewählt haben, und so begrüßen wir die Unterscheidung und die Entschlossenheit, nur die Energien hervorzubringen, die mit dem offenen Herzen in Einklang sind. Wir selbst sind Geschöpfe des offenen Herzens, und wir heißen jene, die auch so suchen, in unseren Herzen willkommen.

[18]In Hinwendung an die Frage, wie man den Auslöser, der auf einer planetaren Skala kommt, mit dem Auslöser, welcher Teil der, sozusagen, täglichen Zuordnung ist, sagen wir, integrieren könnte, empfinden wir, dass es gut ist, nicht zu vergessen, dass ihr in einer Umgebung lebt, die im Hinblick auf verschiedene Pfade des Suchens sehr differenziert ist, und wie ihr sehr gut wisst, teilt nicht jeder Weg das gleiche grundsätzliche Bestreben oder die gleiche Polarität.

[19]Es gibt jene, die den Einen Schöpfer suchen, indem sie die Öffnung des Herzens vernachlässigen. Diese Individuen sind über eure sozialen Komplexe hinweg auf eine solche Weise verstreut, dass sie die Flugbahn der Suche, die von jenen angestrebt wird, die in gegenseitiger Harmonie Gruppen der Suche bilden möchten, oft verwirren und durcheinanderbringen. [Sie sind oft] jene, die Verantwortlichkeiten für die Organisation eurer sozialen Komplexe haben, eure Teilnehmenden im sogenannten politischen Leben.

[20]Das Kräftespiel, welches auftritt als ein Resultat einer Interaktion von Individuen, von Gruppen, von Staaten, von Religionen, von Menschen verschiedener Sprachen und kulturellen Traditionen und ethnischer Hintergründe, kann der Erfahrung, die allen auf diesem Planeten zur Verfügung steht, ein gewisses Gefühl von Chaos geben, und nie war dieses Chaos so dramatisch und so weitverbreitet, wie es heute ist.

[21]Zu einem gewissen Grad am Übergangspunkt jedes dritte Dichte-Planeten kann es erwartet werden, dass es eine gewisse Menge an Desorganisation und Verwirrung gibt, denn es ist eine Zeit des Öffnens, in der viele Energiemuster, die, über Generationen, eine verschlossene Form angenommen haben, anfangen werden, auseinanderzubrechen, anfangen werden, ihren Halt zu verlieren, anfangen werden, neue und unerwartete Formen anzunehmen; und allein dies kann verwirrend für jene sein, die in turbulenten Zeiten leben.

[22]Wenn man dieser Tatsache den zusätzlichen Punkt hinzufügt, dass auf einem Planeten, der eine gemischte Ernte erfährt, die Reiserichtungen nicht alle die gleiche sein werden, wenn die fundamentalen Bemühungen von spiritueller Suche miteinander auf Kriegsfuß zu stehen scheinen, erreicht man eine Ebene von Verwirrung, die noch viel größer ist, und es ist unsere Beobachtung gewesen, dass dieser Planet, auf dem ihr eure gegenwärtige Lebenserfahrung genießt, besonders für seine große Variation an Arten von Energien berühmt ist, als auch für die Erfahrung von widerstrebenden Energien, die er durchmacht. Es gibt, wie ihr sagen könntet, eine sehr aktive, loyale Opposition, und diese Opposition ist nicht beschränkt auf eure irdischen Ebenen.

[23]Es kann recht schwierig für euch sein, damit umzugehen, vor allem wenn es passiert, dass unerfahrene Seelen, die ihre Herzen zum ersten Mal öffnen, entdecken, dass ihnen Gelegenheiten für Dienst gegeben werden, die sich wirklich recht stark von ihrer grundsätzlichen Absicht unterscheiden, und so kann es scheinen, dass man dem All, man dem Schöpfer und man seinen Weggefährten am besten dient, wenn man Handlungen unternimmt, die für die meisten Anderen recht feindselig wirken. Es kann wie eine echte Form von Dienst aussehen, und falls die Suche besonders stark ist, und die Unterscheidungskraft nicht besonders stark, kann man finden, dass

ernsthafte Seelen die Kraft ihrer Suche ausdrücken, auf Wegen, die wirklich sehr zerstörerisch sind.

[24]Nun würden wir euch bitten, einen Vergleich in Betracht zu ziehen. Das heißt, die Umstände des planetaren Chaos mit ähnlichen Umständen von individuellem oder persönlichem Chaos zu analogisieren, die an Übergangspunkten in den individuellen Lebensmustern auftreten können. Wenn man Veränderungen in der Persönlichkeit erlebt, geschieht es fast unausweichlich, dass es gewisse ältere Verhaltensmuster gibt, von denen zunehmend gezeigt wird, dass sie keinen weiteren Nutzen haben; welche abschälen zu können gut für die Persönlichkeit wäre, um sich so in eine robustere oder gesündere Konfiguration zu bewegen. Diese älteren Persönlichkeitsmerkmale, diese älteren Muster von Verhalten oder Formen, in die über die Jahre mit einer gewissen Energie investiert wurde, diese Energie hat ein Eigenleben entwickelt, wenn ihr so wollt. Es ist, als ob da ein kleines, besitzendes Wesen wäre, das gelernt hat, innerhalb eines größeren Gastorganismus zu leben, und da es sich eine Heimat in gewissen Teilen dieses Organismus genommen hat, widerstrebt es ihm, diese Heimat aufzugeben, widerstrebt es ihm, die Autorität aufzugeben, von der es gefunden hat, dass es sie genießt, wenn es sie innerhalb dieses Teils des persönlichen Wesens ausübt.

[25]Solch eine besitz[ergreif]ende Energie, falls wir sie so nennen dürfen, wird sehr wahrscheinlich Widerstand aufbauen, wenn sie gefragt wird, diese Domäne freizugeben, die sie nun so lange sorgfältig gehütet hat, und sie ist recht fähig, sich auf Weisen zu verhalten, die anti-sozial sind, auf Weisen, die kontraproduktiv sind, anscheinend, für das Gesamtwohl des Organismus. Sie ist gut in der Lage, Gefahrensignale auszusenden und zu versuchen, das größere Selbst davon zu überzeugen, dass, in diesem Bereich zu ändern, was das größere Selbst bereits zu ändern beschlossen hat, in Wirklichkeit sehr gefährlich sein würde, nicht nur für das Selbst, sondern für vielleicht Andere um es herum, und für das soziale Leben als ein Ganzes.

[26]In der Tat, was immer für ein Gelegenheitsziel in Verteidigung dieses kleinen Zuständigkeitsbereichs aufgerufen werden mag, den diese kleine Schwarzwasser-Energie des Selbst zu verteidigen beschlossen hat, sie kann als vital für gar das Überleben angesehen werden, kann als notwendig projiziert werden für das zukünftige Wohlergehen des Organismus. Und sie kann einen Zustand erzeugen, in dem eines von zwei Dingen möglich erscheint.

[27]Zunächst, mag man diesen Anteil des Selbst, der förmlich nach Bestätigung schreit, ablehnen und ihn, sozusagen, auf dem Altar von Fortschritt opfern.

[28]Der zweite Weg liegt darin, diesen Teil des Selbst, der nach Akzeptanz schreit, zu akzeptieren, und ihm die Stimme zu erlauben, von der er empfindet, dass er sie braucht, bis zu solchen Zeiten, wenn es ihm ermöglicht ist, zu verstehen, dass er selbst nicht gefährdet ist durch die Veränderungen, die vorgeschlagen werden, und die, tatsächlich, zu dem Punkt fortgeschritten sind, wo sie nun unvermeidlich sind.

[29]Es scheint uns, meine Freundinnen und Freunde, dass der zweite Weg der nützlichere für jene ist, die das Herzen öffnen würden, aber wir werden zugeben, dass der zweite Weg, in vielerlei Hinsicht, eine größere Herausforderung ist, weil er erfordert, dass ihr diese Anteile des Selbst aufnehmt, jene Anteile eurer eigenen Persönlichkeit, die gelernt haben, die Schatten zu lieben, und gelernt haben, von den Schatten aus zu sprechen, und [ihr] diese Anteile [einen] Teil von euch selbst nennt – diese Anteile des Selbst als Teil von euch selbst anerkennt, diese Anteile des

Selbst, die euch jetzt unannehmbar erscheinen, als, in der Tat, annehmbar annehmt.

[30]Nun, das soll nicht heißen, dass ihr nun geneigt seid, die kleinen boshaften Teufelchen zu zelebrieren, die innerhalb eurer Persönlichkeit weilen; das soll nicht heißen, dass ihr eine dieser streunenden Dunkelheiten, die doch in euch wohnen, als ein Prinzip eurer zukünftigen Entwicklung umarmen möchtet, sondern es soll sagen, dass diese Stimmen, die in Schmerz aussprechen, Stimmen sind, die auch Liebe benötigen. Sie sind Stimmen, die bitten, nicht harsch verurteilt zu werden, sondern dass ihnen ein Raum gegeben wird, eine Anhörung gegeben wird, ihnen erlaubt wird, ihre Qualen auszusprechen, sodass wenn das Echo dieser Schmerzschreie letztendlich ausstirbt, die Stimmen anfangen können auf eine tiefere Quelle zu blicken und dort entdecken, dass es verschiedene Formen von Ausdruck gibt, die anfangen, ihnen zur Verfügung zu stehen, sodass in diesem Chor von Stimmen, der jedes Selbst ist, neue Harmonien gesehen werden können, die langsam, und wir betonen diesen Punkt – langsam aufsteigen.

[31]In dem Prozess mag das Hervorkommen einer weniger eingeschränkten Persönlichkeit gesehen werden, einer Persönlichkeit, die an zwei Fronten weniger verteidigt wird: (1) der Front der äußeren Beziehung zur Gesellschaft als ein Ganzes, oder Anderen innerhalb der Gesellschaft; und (2) die Front, die jene Energien innerhalb des Selbst anspricht, die lange unter Beschränkung, Unterdrückung und Ablehnung gelitten haben. Eine weniger verteidigte Persönlichkeit ist eine, die mehr in der Lage ist, auf eine offenherzige Weise auszudrücken, wer sie ist, und Andersheit zu erlauben, ihren Ausdruck in dem Sinne des Wer zu finden:

Wer bin ich?

Ich bin mehr, als ich mir jemals vorgestellt habe, das ich sein könnte.

Ich bin du.

Ich finde, dass du auch, ich sein kannst.

[32]Nun ist dies keine leichte Übung, erkennen wir an. Sie wird viel schwieriger gemacht, wenn man in seiner Umwelt auf Andere trifft, die nicht die gleiche Verpflichtung zu Heilung zu teilen scheinen, die nicht die gleiche Verpflichtung zur Offenheit des begrüßenden Herzens zu teilen scheinen.

[33]So ist es eine Sache, wenn man auf den hungrigen Fremden trifft, den Fremden, dem kalt ist, den Fremden, der verlassen ist, die Türe zu öffnen und Versorgung, Wärme und Akzeptanz zur Verfügung zu stellen. Und es ist eine weitere Sache, mit jenen zu ringen, die die Absicht haben, das Willkommen, das ihr anzubieten habt, nicht in Anstand anzunehmen, sondern den Herrn des Hauses zu überwältigen, die existierende Ordnung umzuwerfen, Dominanz über Andere zu erreichen, den dunklen Fremden der Angst in das Gemeinwesen einzuführen.

[34]Wir spielen die Schwierigkeit nicht herunter, die mit dieser letzteren Möglichkeit verbunden ist, denn diese Schwierigkeit schwingt auf vielen Ebenen überall in der Schöpfung mit und ist nicht auf eure planetare Erfahrung begrenzt. Aber zu eurer Übergangszeit, offenbart sie die sehr große Verwirrung, die aufkommt, wenn jene, deren generelle Neigung es ist, das Herz zu öffnen, dann auf Herzen treffen, die keinerlei Absicht haben, geöffnet zu werden, und, in der Tat, volle Absicht haben, alles zu tun, was sie können, um die Öffnung von Herzen um sie herum zu verhindern.

[35]Wenn konfrontiert von dieser gegnerischen Energie, ist es eine gewöhnliche Neigung, in

Horror zurückzuschrecken, die Verteidigungskräfte hochzufahren und sogar eine aggressive Haltung gegenüber jenen einzunehmen, welche die Energien von Krieg demonstriert haben. Wir sind mit euch bekümmert, meine Freundinnen und Freunde, dass dieser defensive Rückzug zu einem gewissem Grad notwendig scheint; aber wir würden darauf hinweisen, dass euch große Kräfte der Unterscheidung zur Verfügung stehen, sodass ihr sehen könnt, wo eine Energie, die im Angebot ist, stark polarisiert zum Negativen, keine Gelegenheit für erfolgreichen Einsatz hat.

[36]Aber ihr mögt auch sehen, dass es viele Beispiele um euch herum gibt, von jenen, die, wie ihr selbst, das zu Herz zu öffnen versuchen, die aber unter dem Gewicht von schwerem Katalyst[17] ins Taumeln gekommen sind, und begonnen haben, in Opposition zu diesem Katalyst auf eine Weise zurückzuschrecken, welche den Charakter dieses Auslösers, dem sie sich widersetzt, zu teilen scheint, was sagen soll, welche genau die Negativität annimmt, die sie ablehnt.

[37]Um sicher zu sein, es braucht, wie wir sagen, Unterscheidungsfähigkeit, um zu sagen, welche Reaktion von einem vereitelten offenen Herzen ist, und welche Initiative die eines Vorstoßes von negativer Energie, mit der Absicht Kontrolle oder Dominanz zu erreichen, ist. Das Letztere, würden wir euch erinnern, ist relativ selten im Vergleich zum Vorherigen. Und so laden wir euch ein, zu bedenken, dass es nicht gut ist, ein Urteil gegen jene, mitten unter derer ihr euch befindet, zu verwenden, sollte es lediglich geschehen, dass sie einen anderen Standpunkt angenommen haben als euren eigenen, oder auf eine, sagen wir, dramatischere Art oder vielleicht mit mehr Feindseligkeit auf traumatische Auslöser reagiert haben, die von einer extrem negativen Herkunft zu sein scheinen.

[38]Diejenigen welche in dieser Weise reagieren, entdecken zweifellos das alte Echo dieses Schattenselbst, das diese Generationen lang herumgeschlichen ist. Sie entdecken zweifellos diese kleinen Taschen von negativer Energie, die sie selbst gehegt haben, und sie erlauben diesen Taschen von negativer Energie energetisiert zu werden, von dem Katalyst, der im Angebot ist.

[39]Das, jedoch, bedeutet nicht, dass diese Seelen, die in so vielen anderen Wegen eure Mitsuchenden sind, verachtet werden sollten, auf den Müllhaufen der Menschheit geschmissen werden sollten oder abgelehnt oder harsch verurteilt werden sollten, denn wen gibt es unter euch ohne eine kleine Tasche von negativer Energie, und wer kann sagen, welcher Auslöser in der Lage sein wird, diese kleinen Taschen negativer Energie unerwartet zu energetisieren? Wir bitten euch, dann zu bedenken, was diese Taschen heilen könnte.

[40]Das wichtigste Prinzip in dieser Hinsicht ist das einfache, dass Negativität Negativität erzeugt; Urteil erzeugt Urteil; und wenn ein Freund, ein Gefährte, ein Mitsuchender in eine Situation von Reaktivität, von Zorn, von Horror, von Hass geworfen wird, ist die schlechteste Sache, die man machen kann, auf die Reaktion zu reagieren, den Hass zu hassen, denn das ermöglicht lediglich, dass Emotionen im negativen Register fortfahren, die Zeitalter hinunter zu hallen, wie sie das in der Tat in eurem sozialen Energiekomplex getan haben.

[41]Heilung ist ein Ereignis, das ein kleines Bisschen zu [jeweils] einer Zeit stattfindet. Sie findet in der Sanftheit und in der Stille statt, die entdeckt werden können, wenn man realisiert, dass

---

[17] Katalyst: (in etwa) Auslöser für, oder Herausforderung(en) mit, Potenzial für persönliches Wachstum

Verschiedenheit, an sich, nicht bedrohlich ist; dass, geradeso wie die Schöpfung Viele und vielfältig ist, und das Farbspektrum unendlich in Töne jeder Mischung und jeder Beschreibung ausdifferenziert ist, so sind auch die Prozesse des menschlichen Wesens unendlich vielfältig. Und innerhalb dieser Vielfältigkeit ist dennoch Integration möglich, präzise zu dem Ausmaß, in dem der Unterschied zelebriert wird, die Unterschiede begrüßt werden, die Verschiedenheit akzeptiert wird, selbst wenn sie ausdrücklich als das zu einem hervortritt, was inakzeptabel ist.

[42]Wenige planetare Erfahrungen sind so herausfordernd in ihrer ganzen Art und in der Struktur von Katalyst, der so reichlich vorhanden ist, wie der, den ihr jetzt teilt und teilweise begründet. Es ist eine heilsame Meditation, darüber nachzusinnen, dass jeder einzelne Anteil der planetaren Erfahrung Teil eines Ganzen ist, welches, in der Fülle von Zeit, geheilt werden wird. Wirklich jede Stimme wird eingeladen werden im Chor zu singen.

[43]Um sicher zu sein, es benötigt ein eingestimmtes Ohr, um damit anfangen zu können, das Echo der Choralfeier zu hören, die aufsteigen und sogar die Himmel erfüllen wird. Vielleicht ist es mehr als erwartet werden kann, sich die Aufgabe aufzuerlegen, jeden Moment jeden Tages mit diesem, fröhlich in eurem Hintergrund spielenden, Sound zu leben, aber es gibt dort einen Gedanken – vielleicht ist es nur eine verirrte Hoffnung auf dem Wind, vielleicht ist es ein Duft getragen auf einem Sommerabend, aber es ist ein Gedanke, der in schwierigen Zeiten einfach ein wenig Nahrung geben mag, und gerade genug, um euch durch den Moment sehen zu lassen. Und in dem Moment, freudig umarmt, der auf einem anderen freudig umarmten Moment aufbaut, kann man zu finden beginnen, dass die Sorgen des Tages weniger belastend sind, und man kann zu finden beginnen, dass der Katalyst, der schwer ist, wenn auch immer noch schwierig, doch getragen werden kann.

[44]Wir sehen viele mutige Seelen auf eurem Planeten, die unter den Lasten, die schockierend schwierig sind, straucheln, und doch kann von Zeit zu Zeit das Flüstern eines Lächelns auf dem Gesicht aller mutiger Seelen gesehen werden, und dort, meine Freundinnen und Freunde, dort liegt die Hoffnung. Die Hoffnung liegt nicht im Verdammen des planetaren kriminellen Elements, sondern in der Realisierung, dass am Ende alle eins sind. Du, der du mir kriminell erscheinen magst, und ich, der dir kriminell erscheinen mag, wir sind – im Hinausreichen von mir zu dir und dir zu mir – eins.

[45]Wir sind jene von Q'uo und sind höchst erfreut gewesen, euch und eurem Suchen beizutreten, denn dies gibt auch uns die Gelegenheit, unsere Suche zu vertiefen, sogar wenn wir uns vorfinden, wie uns die Gelegenheit gegeben wird, Kummer in Freude umzuwandeln. Es ist ein Projekt, das wir in diesem kritischen Augenblick mit euch teilen, und wir danken euch, dass ihr uns eine kleine Präsenz in eurer Welt gegeben habt, und für die Gelegenheit, die schönen Bemühungen zu fühlen, die in diesem Kreis der Suche gemacht werden, denn meine Freundinnen und Freunde, diese Bemühungen sind ein Leuchtfeuer der Hoffnung, die sogar in die Himmel hinein scheinen.

[46]Wir danken euch, meine Freundinnen und Freunde. Wir sind jene von Q'uo und zu diesem Zeitpunkt würden wir dieses Instrument verlassen und zu demjenigen zurückkehren, der als Jim bekannt ist, um zu entdecken, ob es noch weitere Fragen in den Gedanken jener hier, die suchen, gibt. Ich bin Q'uo. Adonai, meine Freundinnen und Freunde, Adonai.

(empfangen von Jim)

[47]Ich bin Q'uo und bin von neuem mit diesem Instrument. Wir würden fragen, ob es irgendwelche

weiteren Fragen geben könnte, zu denen wir sprechen könnten, da dieses Instrument etwas Energie in Reserve hat. Gibt es eine weitere Anfrage zu dieser Zeit?

[48]**Gary:** Nur eine, Q'uo. Wie kann eine Wanderin oder ein Wanderer auf all das Chaos, die Gewalt, Verschwörungen und Dienst-am-Selbst-Energien – in kurz, die ganzen schlechten Nachrichten – auf eine Weise reagieren, die ihre oder seine Hauptfunktion, die planetare Schwingung zu erhöhen und als Leuchtfeuer oder Hirte Anderen zu dienen, erfüllt?

[49]Ich bin Q'uo und bin mir über deine Anfrage bewusst, mein Bruder. Es ist eine Anfrage, die es sehr wert ist, bedacht zu werden, denn jene Wesen innerhalb dieses Kreises der Suche fallen in die Kategorie, die ihr die Wanderer nennen würdet, und jeder fragte sich selbst, wie diese, sagen wir, bestimmte Mission erfüllt werden soll. Jeder ist innerhalb dieser planetaren Sphäre inkarniert, um sie in erster Linie durch das Hinzufügen der eigenen Lichtschwingungen zu unterstützen, sodass die Schwingungen des Planeten selbst erhellt und in ihrer Schwere, sagen wir, im Ausdruck von Disharmonie, verringert werden.

[50]Jede Wanderin und jeder Wanderer hat auch die spezielle Aufgabe, einen Weg zu finden, mit dem er oder sie sich selbst entwickeln kann, nicht nur durch Dienst am Planeten im Allgemeinen, sondern auf Basis der täglichen Runde an Aktivitäten an jene in einem besonderen Sinn, die sich im eigenen Umfeld befinden. Wir empfehlen, von neuem, die Verwendung des meditativen Zustands, um zu erforschen, was jeder als die Hauptmöglichkeit, um in Dienst an Anderen zu lernen, empfindet, und dies in dem Ausmaß zu erforschen, dass man sich dieses Dienstes standhaft bewusst ist, seinen Auswirkungen und seinem Ausdruck innerhalb eures Wesens. Und dann den Ausdruck dieses Dienstes voll zu verfolgen.

[51]Wenn man die Nachrichten, sagen wir, verstörend und zum Extremen disharmonisch empfindet, kann man die lichterfüllten Schwingungen von Heilung und Liebe an solche Regionen oder Wesen, die diese benötigen, senden oder mag sie in der Tat an den ganzen Planeten senden, denn das, was ihr in euren Nachrichten seht, ist nur ein kleiner Anteil der Schwierigkeiten, die auf einer planetaren Skala ausgedrückt werden. Man mag, sagen wir, die Augen offen halten für die Gelegenheiten, die auf dem eigenen Weg kommen, denn es gibt keine wirklichen Zufälle; und diese Gelegenheiten, um auf eine erweiterte Weise von Dienst zu sein, werden, falls sie für euer Wesen angemessen sind, ihren Weg zu euch finden, damit ihr, sagen wir, Energien von sowohl der Aktivitäten eures physischen Vehikels, der finanziellen Mittel, durch die Energie angeboten wird, als auch in jeder anderen Weise geben könnt; der Erschaffung von Dichtkunst, der Schöpfung von Musik, der Erzeugung der Umfelder, die unterstützend sind für jene, die Unterstützung in irgendeinem der vielen Wege benötigen, in denen Wesen in ihrer tägliche Runde der Versorgung und Lebendigkeit scheitern.

[52]Es gibt kein festgelegtes Muster oder eine Regel in dieser Hinsicht. Man muss verstehen, dass, was für jeden zu tun angebracht ist, seinen Weg zu euch finden wird, denn wieder, es gibt keine Fehler, und alles ist vor der Inkarnation als eine Gelegenheit geplant worden, damit alles erreicht werden kann, falls man, sagen wir, achtgibt.

[53]Gibt es eine weitere Anfrage, mein Bruder?

[54]**Gary:** Nein, danke dir, Q'uo.

[55]Wir danken dir, mein Bruder. Gibt es eine weitere Anfrage zu dieser Zeit?

(lange Pause)

[56]Ich bin Q'uo, und da es erscheint, dass wir die Fragen für diesen Abend erschöpft haben, werden wir noch einmal unsere große Dankbarkeit an jeden der Anwesenden in diesem Kreis der Suche ausdrücken, dafür, dass ihr eure Liebe und euer Licht mit uns teilt und uns die Gelegenheit ermöglicht, in eurem Kreis des Suchens teilzunehmen. Dieser Kreis produziert, wieder einmal, einen großen Lichtstrahl, welcher bis in die Sternenhimmel jenseits aller Sehkraft oder Vision hineinreicht.

[57]Wir danken euch für eure Hingabe an Dienst, für euer Verlangen, von weiterem Dienst zu sein, und für die offenen Herzen, die in diesem Kreis existieren. Wir sind euch bekannt als jene von Q'uo. Wir werden zu diesem Zeitpunkt unseren Abschied von diesem Instrument und von diesem Kreis des Suchens nehmen. Wir lassen euch, wie immer, in der Liebe und im Licht des Einen Unendlichen Schöpfers, zurück. Adonai, meine Freunde, Adonai.

Botschaft vom 5. Dezember 2015

⁰¹**Gruppenfrage:** Heute würden wir gern Fragen zu Dienst stellen. Wie können wir unseren Dienst als positiv identifizieren? Wie können wir wissen, dass unsere Handlungen mit unserem Wunsch, zu dienen, übereinstimmen? Wie spielen unsere Absichten und Handlungen in unseren Dienst hinein?

(empfangen von Jim)

⁰²**Q'uo:** Ich bin Q'uo und grüße jeden von euch in der Liebe und im Licht des Einen Unendlichen Schöpfers. Wir sind geehrt, dass wir an diesem Nachmittag zu euch, in eurer Gruppe des Suchens nach dem, was ihr die Wahrheit nennt, sprechen können. Es ist immer eine Freude, einer Gruppe wir eurer beizuwohnen, denn das Licht, welches durch solches Suchen erzeugt wird, ist ein Leuchtfeuer, nicht nur, um uns zu euch anzuziehen, sondern für Viele, welche die Worte hören, die wir durch dieses Instrument und denjenigen, der als Steve bekannt ist, mitteilen können, und hoffentlich wird es zu einem Dienst kommen, der die Konzepte etwas erklärt, nach denen ihr fragt.

⁰³Zuerst, jedoch, würden wir euch bitten, uns einen Gefallen zu tun; und der ist, euer eigenes Urteilsvermögen anzuwenden, wenn ihr unseren Worten zuhört, sodass ihr nur jene annehmt, die für euch zu dieser Zeit Bedeutung haben, und alle anderen hinter euch lasst. Auf diese Weise können wir versichert sein, dass wir nicht zu einem Hindernis für euch werden, denn unser Wunsch ist es, euch auf eine Weise zu dienen, die hilfreich auf eurer eigenen Reise der Suche nach der Wahrheit ist. Heute Nachmittag betrifft eure Frage in der Tat gerade das Konzept von Dienst an sich – was ist Dienst, welche Bestandteile hat er, was ist nötig, um wirklich von Dienst zu sein, gibt es irgendetwas, das man tun kann, das nicht von Dienst ist?

⁰⁴Um zu beginnen, werden wir unsere eigene letzte Frage beantworten, indem wir vorschlagen, dass es nichts gibt, das ihr tun könnt, das nicht von Dienst ist; alles um euch herum ist der eine Schöpfer, und was immer eure Handlungen sein mögen, das, was ihr tut, das, was ihr nicht tut, alles ist ein Dienst. Wir sind uns, jedoch, darüber bewusst, dass ihr genauer fragt, wie ihr auf eine positiv polarisierende Art und Weise von Dienst sein könnt, die dem Wesen, dem ihr dient, wirklich hilft, und die – als ein Nebenprodukt, sagen wir – eure eigene Polarität [so] erhöht, wie ihr euren Dienst steigert.

⁰⁵Deswegen, würden wir zuerst von der Motivation sprechen, die jemand hat, der danach strebt, zu dienen. Es ist in der Tat ein wichtiges Merkmal jeder Handlung, die ihr Dienst nennen möchtet, dass euer Wunsch im Teilnehmen an einem Austausch von Energie mit einem anderen Wesen darin liegt, ihm wirklich zu dienen. Dies könnte man „erleuchteten Dienst" nennen. Er umfasst[18] weit mehr als einfache Interaktion auf eine katalytische[19] Art und Weise mit anderen

---

[18] im englischen Original: *ist*

[19] Katalyse (Begriff aus der Chemie) laut Duden.de: Herbeiführung, Beschleunigung oder Verlangsamung einer Stoffumsetzung durch einen Katalysator

Wesen, die ihr auf täglicher Basis unternehmt, manchmal ohne nachzudenken, manchmal mit gedanklicher Betrachtung – denn dienen zu wünschen heißt, eure Bemühungen, eure Fähigkeiten, eure, sagen wir, Schulung oder [eure] Studien in einem metaphysischen Sinn zu formen, sodass ihr in der Lage seid, euch selbst als eine Person anzubieten, die eine Fülle zu geben hat; die eine Sichtweise und eine Art von Information anbieten kann, die auf einer Ebene aufgenommen werden kann, wo sie, sagen wir, abhängig von dem bestimmten Energiezentrum, das an der betreffenden Situation beteiligt ist, gebraucht wird.

[06]Oftmals treten Menschen, die von Dienst sein möchten, mit Wunsch und Verlangen in solchen Dienst ein, aber in der Schnelle des Augenblicks mit wenig Anderem, denn die Unmittelbarkeit des Moments erfordert eine Art von Antwort, die Gedanken hinter sich haben kann oder nicht, der viele Ressourcen, die euch als ein Resultat eurer eigenen Erfahrung zur Verfügung stehen, angeboten werden oder nicht. Deshalb betrachtet ihr, wenn ihr in eurem meditativen Zustand seid und das macht, was wir die Ausgleichs-Übungen für den Tag nennen, die Erfahrungen, die ihr im Laufe des Tages geteilt habt, um zu sehen, was auf spontane Art herausstand; denn wenn ihr Anderen von Dienst seid oder mit Anderen interagiert, könnt ihr euch auf diese Interaktion meistens nicht in einer Weise vorbereiten, wie sie für das andere Selbst am effizientesten wäre.

[07]Jeder von euch ist sich jedoch, während ihr euch durch eure Inkarnationen bewegt habt, der Reise des spirituellen Pilgers bewusst geworden und habt viele Bereiche studiert, die euch als vielleicht unbewusste Basis zur Verfügung stehen, damit sie zum Gewebe eures eigenen Wesens wird, und ihr folglich nicht mehr so viel sorgfältige Vorbereitung im Versuch, Anderen zu dienen, benötigt, als für diejenigen notwendig sein mag, die nicht so lange oder so hart, wie ihr, den Weg des spirituell Suchenden studiert haben. Deshalb ist es, wenn ihr mitten im Dienst seid und, sagen wir, mit jemand anderem interagiert, der oder die – vielleicht durch Wort oder Tat oder durch vorheriges Arrangieren – euch darum bittet, von dem profitieren zu können, was ihr anzubieten habt, gut, dieses andere Wesen als einen weiteren Anteil von euch selbst zu sehen, als einen Anteil des Schöpfers, und auf dieses Wesen mit Liebe als dem Fundament dessen zu blicken, was ihr anbieten möchtet. Falls ihr das, was ihr anbietet, mit der Eigenschaft der Liebe anstreichen oder färben könnt, dann habt ihr die größtmögliche Vorbereitung getroffen und habt die Situation, sagen wir, weitaus zugänglicher für einen erfolgreichen Dienst gemacht.

[08]Und so, beginnend mit dieser Sichtweise des Anderen als der Schöpfer selbst, als ein weiterer Anteil von euch selbst, bietet euch dann, so frei ihr könnt, in dem an, was ihr an Gedanken teilt, an Erfahrung, an Möglichkeiten, an Fragen, an Zweifeln. Erlaubt einen Um- und Austausch von Informationen, damit der Energiefluss ein zweispuriger Fluss ist, damit ihr beide Lehr/Lerner und Lern/Lehrer seid, denn in dieser Situation befinden sich alle Lebewesen – selbst diejenigen, die in einer bestimmten Kategorie, die besprochen wird, weitaus gelehrter als jene sind, die die Informationen empfangen; denn alles Lehren resultiert in Lernen und alles Lernen resultiert in einer Form von Lehren. Für jede Situation gibt es einen Ausgleich, ein Gleichgewicht für jede Inkarnation und ein Gleichgewicht für den Prozess des Lehr/Lernens. Folglich, wenn ihr von euch selbst auf diese Weise gebt, auf Liebe basierend, und auch aus dem blauen Strahl (oder Kehlkopfchakra) heraus frei teilt, dann bietet ihr auf eine ausgeglichene Weise das Beste an, was ihr für diesen bestimmten Moment habt, und ruft diese inneren Reserven und Ressourcen auf, die teuer erkauft wurden durch eure eigene Studien in Dienst. Wir empfinden, dass dies [nur] eine anfängliche Erkundung der Natur von Dienst ist, die vom Standpunkt einer Person aus auf ihn

blickt, welche bewusst Anderen dienen möchte. Es gibt andere Bereiche im Vorgang des Dienstes, die wir nun durch denjenigen, der als Steve bekannt ist, besprechen würden. Wir würden diesen Kontakt nun zu demjenigen, der als Steve bekannt ist, übertragen. Wir sind jene von Q'uo.

(empfangen von Steve)

[09]Ich bin Q'uo und wir sind mit diesem Instrument. Wieder einmal, würden wir gern beginnen, indem wir diesem Instrument für die Sorgfalt danken, mit der es uns herausfordert, um die Art von Dienst klar zu machen, die wir anzubieten haben; denn in der Tat, es gibt viele Wege von Dienst, und unter den vielen Wegen gibt zwei hauptsächliche, sagen wir, Modalitäten[20]: diejenige, die Anderen dient, und diejenige, die dem Selbst dient.

[10]Wir sind jene, wie es jene dieses Kreises des Suchens, wie wir ihn verstehen, sind, die danach streben, zuerst und vor allem, Anderen zu dienen. Für uns bedeutet das, mit einem offenen Herz und auf eine solche Weise zu dienen, dass der freie Wille von Anderen, die alle auf ihre eigene Weise suchen, geehrt wird. Wir empfinden, dass wir, durch das Instrument, das als Jim bekannt ist, zum Herz der Sache gekommen sind, indem wir sagten, dass die Natur von Dienst aus der Natur von Liebe ist und dass, wo Liebe ist, es keinen Fehler in Dienst gibt.

[11]Wir würden euch nun bitten, zu bedenken, dass es in der Absicht, mit der ihr euch Dienst an Anderen annähert, sehr oft eine Vermischung von Motiven gibt, und sehr oft eine Zusammenstellung von Energien, die innerhalb des Selbst verkündet werden, von denen nicht alle mit allen anderen harmonieren; und so ist es möglich, meine Freundinnen und Freunde, dass ihr euer Leben in Bezug auf Motivation als vielfältig gefärbt sehen könnt, und aus Tendenzen, Flugbahnen, Gefühlen und Impulsen bestehend, die recht zerstreut sein können. Man könnte sagen, dass jede einzelne Handlung, die ihr unternehmt, jede einzelne Anstrengung von Dienst zu sein, ein Vorstoß ist, um all die Motivationen zu integrieren, die gegenwärtig innerhalb des Selbst wirken.

[12]Wie alle von euch sich hier sehr bewusst sind, wird das Selbst, wie ihr es in eurem Leben in dritter Dichte erfahrt, typischerweise hin- und hergerissen, und findet sich selbst immer und immer wieder in einer Position vor, wo es in einem Umstand handeln muss, in dem es keine große Klarheit hinsichtlich der Frage gibt, wo der größere Pfad des Dienstes liegen mag. Und unter diesen Bedingungen gibt es eine, sagen wir, Fertigkeit, nach der gerufen wird, eine Fertigkeit, die wir mit dem Wort „Urteil" benennen können. Wir würden jedoch warnen, bevor wir zu diesem Konzept sprechen, dass Urteil ein Begriff in eurem Vokabular ist, der viele Bedeutungen hat, und der oft der Träger einer schweren Bedeutung ist, die als ein Werturteil gegen das Selbst gerichtet ist. Auf gleiche Weise kann das Werturteil auch gegen Andere gerichtet werden, und es ist höchst einfach, meine Freundinnen und Freunde, zu erlauben, dass [ein] Urteil von negativen Energien, negativen Gefühlen, infiltriert werden kann, auf Wegen, die recht subtil sind, auf Wegen, die ehrgeizig sind, und auf Wegen, die einen Ursprungspunkt haben, der jenseits des bewussten Verstandes des handelnden Individuums liegt.

[13]Mit diesen Punkten in Erinnerung behalten, können wir sagen, dass es im Hinblick auf die

---

[20] Modalität: Ausführungsart

Wirkung von Urteil auf der positiven Seite des Kontobuchs in jedem Fall eine beachtliche Menge von persönlicher Erfahrung gibt, auf die ihr euch im Formen einer Einschätzung darüber, wie euer Dienst von einem anderen Wesen oder einer Gruppe von Anderen, denen ihr zu dienen beabsichtigt, angenommen wird, stützen könnt. Deswegen ist es gut, die Antizipationen[21] mit in Betracht zu ziehen, die ihr von Schwierigkeitsbereichen haben mögt, die viel erfahren wurden, entweder durch ein anderes Selbst oder eine andere Gruppe von Selbsten, die dazu führen können, dass ein Dienst, der wohl aus dem Herzen kommen könnte, wohl in Liebe gegründet sein mag, [und] doch als unwahrscheinlich von einem positiven Empfangen auf der Seite des Anderen gesehen werden kann. Unter diesen Bedingungen ist es gut, etwas Zurückhaltung in dem zu praktizieren, was ihr anzubieten habt, denn die beste aller Absichten kann fehlschlagen, wenn die Umstände nicht richtig für den Empfang sind.

[14]Nun, mit der Komplexität der Welt, in der ihr lebt, und der Komplexität jedes Individuums, mit dem ihr umgeht, ist es, um sicher zu gehen, praktisch unmöglich für euch, so gut informiert zu sein, dass ihr jede Reaktion richtig voraussehen könnt, die ihr für einen Dienst, den ihr anbietet, empfangen könntet. Deshalb gibt es sehr oft die Gelegenheit, das zu tun, was man Schadensbegrenzung nennen könnte, nach der [Erschaffung von] Tatsache[n], was sagen soll, nachdem ihr dazu gekommen seid, zu verstehen, dass die Art und Weise, mit der ihr versucht habt, von Dienst zu sein, sich in der jetzigen Gelegenheit nicht als erfolgreich erwiesen hat. Unter solchen Umständen ist es gut, darauf vorbereitet zu sein, sich zurückziehen und dem anderen Selbst, oder anderen Selbsten, zu ermöglichen, genügend Raum zu haben, um sich selbst wiederzufinden – in Beziehung zu was auch immer für einen Auslöser euer Versuch zu dienen für sie verfügbar gemacht hat.

[15]Nun ist es nicht selten der Fall, dass – wenn gut gemeinter Dienst von der Person, für die er bestimmt ist, als nicht hilfreich empfunden wird – eine Reaktion innerhalb des Selbst geschieht, und das Selbst sich in einem Zustand des vollen Rückstoßes wiederfindet. „Falls du den Dienst nicht zu empfangen wünschst, den ich anzubieten habe," könnte das Selbst sagen, „dann werde ich überhaupt nichts anbieten." Und solch eine Antwort kann dann unterstrichen werden mit Etwas in der Art von „Da hast du's."

[16]Nun, dem eigenen Selbst ist plötzlich eine Gelegenheit gegeben worden, über das Wesen des Dienstes nachzudenken, der vorgeschlagen wurde. [Dadurch] wird einem die Gelegenheit gegeben, in diesen Dienst hineinzuschauen, hineinzuschauen in das Spektrum an Absichten, die in diesem Akt des Dienens, der angeboten wurde, zusammengebracht wurden, und mit einem sorgfältigen Auge hinzuschauen, um zu entdecken, ob es leichte Unreinheiten gab, vielleicht, in der Intention; ob es, in der Absicht, Elemente gab, die vielleicht dazu neigten, sich in eine Richtung zu bewegen, die konträr zur maßgeblichen Absicht verläuft, unter deren Rubrik der Dienst ursprünglich angeboten wurde. Nun, es mögen gut diese subtilen Subtexte, sozusagen, sein, die euer Gesprächspartner wahrgenommen hat. Es kann gut sein, dass es eine versteckte Quelle von Bedeutung gab, die von euch selbst nicht auf einer bewussten Ebene beabsichtigt war. Die Ablehnung des Dienstes kann in der Tat eine Gelegenheit sein, in einer solchen Frage

---

[21] (Vor-)Ahnungen

Nachforschungen anzustellen, eine Gelegenheit, um über die komplizierte Angelegenheit der Wirkung der feinen Energien zu reflektieren, die euer intentionales Leben informieren, und dies ist eine Gelegenheit, die es lohnt, wahrzunehmen, meine Freundinnen und Freunde. Es ist eine Gelegenheit, eurem eigenen Vorschlag von Dienst zu ermöglichen, reflektierend als auslösendes Moment[22] für eure eigene weitere Entwicklung von Bemühungen, von Dienst zu sein, zu dienen.

[17]Aber wir würden euch warnen. Wir würden euch warnen, dass die zu schnelle Neigung, ein schweres Urteil auf euch selbst zu legen, kontraproduktiv ist. Es ist gut, diese Momente der Reflexion zu unternehmen, in denen euer eigenes motivationales Leben ins Blickfeld rückt, um in Erinnerung zu halten, dass ihr so sehr ein Teil dieser glorreichen Schöpfung seid wie jene, denen ihr zu dienen sucht, und ihr seid genauso sehr in Not und des größten Kümmerns wert, der größten Beachtung, und der größten und ernsthaftesten Bemühung zu dienen, wie es all jene um euch herum sind. Und so ist die Demut, mit der ihr euch aufmacht in eine große, und weite, eine verwirrende Welt, auch eine Tugend, mit der ihr euch zurückziehen könnt in eine kleinere Welt hinein, dem Mikrokosmos, der ihr selbst seid, und behutsam [weiter] vorgehen hinsichtlich dieser kleinen Akte der Einsicht, mittels derer ihr versucht, Stränge von Absichten herauszusortieren und sie immer wieder neu dem Dienst im höchsten und beste Sinne zu widmen. Seid sanft mit euch selbst, meine Freundinnen und Freunde, denn ihr seid Teil des Einen, genauso wie diejenigen, denen ihr zu dienen wünscht.

[18]Nun, im Prozess der Selbstuntersuchung, werdet ihr fast unausweichlich Intentions-Stränge finden, die nicht vollständig mit der hauptsächlichen Absicht harmonisieren, die ihr vorgebracht habt. Dies sind Stränge, die vielleicht als eine entfernte Erinnerung etwas Schmerz, etwas Verletzung, eine Verbitterung, eine Reaktion oder Angst [in sich] tragen, und die, während sie [noch] nicht zum Zustand der vollständigen Wahrnehmung aufgestiegen sind, weiterhin in den dunklen Ecken eurer Lebenserfahrung verweilen. Es ist ein Teil der Bedeutsamkeit der Lebenserfahrung, die ihr gegenwärtig genießt, dass diese Elemente eures Wesens aufgestöbert werden sollen, zu Licht kommen werden, eine Gelegenheit bekommen, um sich selbst zu entdecken, und im Sich-Selbst-Entdecken einen Prozess auslösen, der sie durch die liebenden Energien, mit denen sie umgeben werden können, umwandelt.

[19]Diese liebenden Energien sind bereits wohl auf dem Weg, in dem Ausmaß, in dem ihr euch selbst einem Leben des Dienstes hingegeben habt, und nachdem ihr euch selbst einem Leben des Dienstes hingegeben habt, euch selbst zu dem Punkt der schwierigen Unternehmung gebracht habt, das Herz zu öffnen. Oh, wie zahlreich sind die Möglichkeiten, dieses Herz zu verschließen. Oh, wie zahlreich sind die Einladungen, zurückzuschrecken in eine schützendere Konfiguration des Selbst, wo ihr entscheiden könntet, dass es viel besser ist, keine Ablehnung zu riskieren, wo es viel besser ist, kein Missgeschick zu riskieren, wo es besser ist, sich nicht, sagen wir, die kleinen spirituellen Finger zu verbrennen. Oh, wie leicht ist es, zu entscheiden, dass das Spiel einfach zu riskant ist, um gespielt zu werden. Und oh, wie leicht es ist, auslösende Momente zu finden, die aus dem Inneren kommen, mit genau dem gleichen Effekt; das heißt, es ist einfach, anzunehmen, dass man so unwürdig ist, dass eine Bemühung aufzubringen, um von Dienst zu sein,

---

[22] Im engl. Original: catalyst

unausweichlich zu beleidigen bedeuten würde, unausweichlich die Zurschaustellung der Unreinheit in den eigenen Motiven wäre, unausweichlich Sündigen gegen das klare Motiv von Dienst wäre.

[20]Klarheit im Motiv, meine Freundinnen und Freunde, ist ein teuer erkaufter Juwel, denn er wird in den Tiefen eines Selbst geformt, das fortwährend [wie in einem Bergwerk] abgebaut und, Element für Element, zur Oberfläche gebracht werden muss. Vieles [davon] wird so gesehen werden, als ob es eine Art Schlacke ist; Vieles wird als etwas gesehen werden, für das eine große Versuchung existiert. es abzulehnen, und Vieles kann, deshalb, den Inhalt und die Ablagerungen von Urteilen formen, die man dem Selbst hart anlasten mag.

[21]Bedenkt jedoch, dass, wenn ihr über den Prozess nachdenkt, selbst von ineffektivem Dienst seitens eines Kindes, [dann] seid ihr nicht geneigt, dieses Kind harsch zu verurteilen. Ihr mögt sanfte Anleitung hier und da zur Verfügung stellen, wo die Gelegenheit es erfordert, aber ihr verurteilt das Kind nicht harsch für ungeschickte Versuche, freundlich zu sein, für ungeschickte Ausdrucksformen des Selbst oder ungeschickte Öffnungen eines Herzens, das noch erwachsen wird in der Welt. Vielleicht könnte man sich, dann, als das Kind betrachten, und sich dessen bewusst sein, dass es viele Gelegenheiten geben wird, in denen der Versuch, das Herz für echten Dienst zu öffnen, seltsam sein wird, ungeschickt sein wird und sogar vermischt sein kann mit Motiven, denen man nicht zustimmt. Nichtsdestotrotz, betrachtet die Wichtigkeit der Trägerwelle der Absicht, der primären Absicht, der wahren Absicht – je mehr man sich auf die Wahrheit der Intention konzentriert, je mehr man die Intention in ihrer Wahrheit wiederholt, desto klarer wird die Intention wahrscheinlich werden, desto klarer wird der Dienst, der aus dieser Intention resultiert, wahrscheinlich sein.

[22]Klarheit von Dienst ist keine Garantie, dass der Dienst, den man vorschlägt, froh angenommen wird; die Klarheit von Dienst ist keine Garantie für die Klarheit des Empfangs dieses Dienstes; aber ein Dienst, der geklärt wurde, durch wiederholte Akte des Heraussuchens seiner eigenen Wahrheit, des Heraussuchens seiner eigenen, wahren Intention, ist ein Dienst, der weniger wahrscheinlich das Bedürfnis empfinden [lassen] wird, in harsche Verurteilung gegenüber sich selbst zurückzuschrecken, wenn der eigene Dienst nicht als nützlich empfunden wurde.

[23]Eure Urteile bezüglich der Art, wie diese Welt funktioniert, der Art, mit der die verschiedenen Beschäftigungen der Welt in Beziehung miteinander funktionieren, und die Art, mit der die Subjektivitäten der Welt gebildet werden und miteinander in Kontakt kommen; all diese Urteile informieren eure Bemühungen zu dienen, und es ist gut, sich darüber bewusst zu sein, wozu die Möglichkeits-Parameter im Allgemeinen tendieren. Sollten sich große Gelegenheiten, von Dienst zu sein, jedoch nicht von selbst präsentieren, gibt es immer noch die Möglichkeit, dass [der] Dienst auf eine subtilere Weise registriert werden mag.

[24]Wir würden bitten, dass ihr die Bedeutung des verstreuten Lächelns, der sanften Berührung, der grundlose Akt der Zustimmung nicht unterschätzt – denn die Energien des Selbst neigen dazu, viel mehr auf diese Faktoren zu reagieren, als man typischerweise merkt; Faktoren, die auf der Oberfläche hinsichtlich größerer Interaktionen lediglich zufällig zu sein scheinen. Und es ist Teil des Prozesses des Ausgleichens der eigenen Anstrengungen zu dienen, um diesen scheinbar zufälligen Merkmalen zu ermöglichen, mehr und mehr, sagen wir, Spiel zu haben, und je mehr Spiel sie haben, desto eloquenter können die Akte von Dienst werden, die von einer

offensichtlicheren oder offenkundigeren Art sind.

²⁵Wir finden, dass wir vielleicht lang genug über dieses Thema heute gesprochen haben, aber es ist ein Thema von großer Wichtigkeit, nicht nur für euch, sondern auch für uns, denn wir fahren damit fort, diese Lektionen von Dienst in immer weiter verfeinertem Kontext, in immer verschachtelteren Wegen zu lernen, und es ist einer der zentralsten Faktoren in der Gesamtheit von spiritueller Entwicklung und spirituellem Suchen über alle Dichtestufen hinweg, wie sie uns bekannt sind.

²⁶Wir empfehlen euch eurem Dienst an, meine Freundinnen und Freunde, und würden dieses Instrument [nun] verlassen, indem wir euch dafür danken, dass ihr uns die Gelegenheit gebt, diese verschachtelten Bereiche unseres eigenen Dienstes zu entdecken, wenn wir versuchen mit euch in diesen Worten zu kommunizieren, welches nicht Worte aus unserer Dichte sind, sondern aus eurer eigenen.

²⁷Wir verlassen euch, jubelnd in der Liebe und im Licht des Einen Unendlichen Schöpfers, und kehren zurück zu demjenigen, der als Jim bekannt ist, um zu entdecken, ob es weitere Fragen gibt, zu denen wir unseren Dienst anbieten können. Wir sind jene von Q'uo. Adonai, meine Freundinnen und Freunde, Adonai.

(empfangen von Jim)

²⁸Ich bin Q'uo und bin wieder bei diesem Instrument. Zu dieser Zeit würden wir gern fragen, ob es weitere Fragen geben könnte, die jene, die in diesem Kreis anwesend sind, für uns haben könnten.

²⁹**Austin:** Ich habe eine, Q'uo. Es mag Zeiten geben, in denen wir uns wünschen, einem größeren Wohl zu dienen, aber in diesem Handeln auf eine Weise Einfluss auf Andere ausüben, die sie nicht als Dienst betrachten. Ein Beispiel könnte sein, ein Individuum, welches auf eine Weise handeln mag, die für eine Gruppe schädlich oder zerstörend ist, zu entfernen. Gibt es einen Weg, sich diesen Situationen in einer positiven Polarität zu nähern?

³⁰Ich bin Q'uo und bin mir über deine Anfrage bewusst, mein Bruder. In all solchen Gruppensituationen gibt es ein Gruppenbewusstsein, welches jeder innerhalb der Gruppe hoffentlich auf solch eine Weise identifizieren wird, dass es möglich sein würde, zu erklären, dass es gewisse Situationen und Umstände gibt, von denen erwartet wird, dass sie eingehalten werden, wenn an einer solchen Gruppe teilgenommen wird. Dies wäre den Voraussetzungen für jede Gruppe sehr ähnlich, die potenziellen Mitgliedern präsentiert werden würden. Falls dies im Prozess der Gruppenbildung und Annahme neuer Mitglieder verstanden wird, dann wäre es möglich, jedem Mitglied, das nicht in der Lage war, die Notwendigkeiten auszudrücken, die, sagen wir, Arten von Ausführung oder Verhalten, die von jedem Gruppenmitglied notwendig sind, dann könnte, in einer liebenden Weise, vorgeschlagen werden, dass das Wesen eine Pause macht.

³¹Wir würden vorschlagen, dass dies eine – so wir haben es gehört, bevor die Sitzung begann – eine „Auszeit", sagen wir, ist, sodass auf Seiten desjenigen, der gebeten wird, die Auszeit zu nehmen, nachgedacht werden kann, um die Beziehung mit der Gruppe und den Wunsch, in der Gruppe zu sein, neu zu einzuschätzen; denn falls von allen, die in eine solche Gruppensituation eintreten, gut verstanden wird, dass es Voraussetzungen für das Teilnehmen in der Gruppe gibt, dann wäre es für jene, die nicht in der Lage waren, sagen wir, solche Voraussetzungen

einzuhalten, keine Überraschung gebeten zu werden, die Auszeit zu nehmen.

[32]Gibt es eine weitere Anfrage, mein Bruder?

[33]**Austin:** Nein, danke dir.

[34]Ich bin Q'uo und wir danken dir, mein Bruder, für deine Anfrage. Gibt es eine weitere Anfrage zu dieser Zeit?

[35]**F:** Ich würde gern eine Frage stellen. Ich habe mich gefragt, ob du dazu sprechen würdest, ob es selbst-dienlich ist, einen Wunsch oder eine Absicht zu haben, dort eine Konzentration auf Dienst oder einen Dienstbereich aufrechtzuerhalten, wo man ein Talent verspürt, oder wo man von diesem Bereich von Dienst angezogen wird, unter Ausschluss von anderen Bereichen von Dienst, für die man kein Talent empfindet, oder empfindet, dass sie eine Ablenkung von dem Bereich sind, in dem man mit dem größten Interesse dienen möchte, falls das Sinn macht.

[36]Ich bin Q'uo und wir glauben, dass wir deine Anfrage verstehen, meine Schwester. Wir werden versuchen zu antworten.

[37]Wenn ihr jene Wünsche evaluiert, die ihr für Dienst habt, und nach den Mitteln in euch schaut, um von solchem Dienst zu sein, dann ist es gut, die Stärken eurer inneren Ressourcen [für etwas] bestimmen zu können, um von höchstem Dienst zu sein. Seiner Passion zu folgen, ist kein Dienst am Selbst, meine Schwester, es bedeutet dem zu folgen, was euer Geschenk ist, nicht nur an euch selbst, auch an andere. Seid euch darüber bewusst, dass aller Dienst, den ihr gebt, wie rein auch immer er gegeben wird, zu euch als Brot auf den Wassern[23] zurückkommen wird. Auch ihr werdet Dienst empfangen. Euer Wunsch, wie wir ihn verstehen, ist es jedoch, auf eine Weise von Dienst zu sein, in der ihr höchst effektiv dienen könnt, eine Weise, in der ihr Begeisterung habt, Interesse, Inspiration und Fähigkeit. Deshalb, so zu dienen ist der größte Dienst, den ihr anbieten könnt. Gibt es eine weitere Frage, meine Schwester?

[38]**F:** Nein, danke dir.

[39]Ich bin Q'uo und wir danken dir, meine Schwester.

[40]Gibt es eine weitere Frage zu dieser Zeit?

(Pause)

[41]Ich bin Q'uo und es scheint, dass wir, für den Moment, die Fragen ausgeschöpft haben. Wir hoffen, dass wir nicht auch eure Geduld erschöpft haben. Wir sind sehr geehrt worden, Teil eures Kreises des Suchens an diesem Nachmittag gewesen zu sein. Es ist eine Freude und ein Privileg, welches wir nicht leicht nehmen, denn es gibt wenige Gruppen, zu denen wir in dieser Weise sprechen können, und wenn wir diese Gelegenheit haben, dann sind wir mit dem Größten an Dankbarkeit erfüllt und wir teilen dies nun mit euch. Euer Kreis des Suchens produziert ein Licht, das höchst angenehm als eine Anziehung für unsere Schwingung ist, und als ein Mittel, mit dem wir den Einen Schöpfer nachweisen können, der überall in der Schöpfung existiert.

[42]Zu dieser Zeit werden wir unseren Abschied von diesem Instrument und dieser Gruppe nehmen.

---

[23] In Anlehnung an Prediger 11:1 „Laß dein Brot über das Wasser fahren, so wirst du es finden nach langer Zeit."

Wir verlassen jeden von euch, wie wir euch vorgefunden haben: in der Liebe und im Licht des Einen Unendlichen Schöpfers. Friede sei mit euch, meine Freundinnen und Freunde. In Freude, gehen wir. Wir sind euch bekannt als jene von Q'uo. Adonai. Adonai.

Anmerkungen

Die „tägliche Runde an Aktivitäten" und die Praxis von Sadhana

In vielen Botschaften des Bündnisses werden immer wieder die täglichen Aktivitäten, die Runde an Ereignissen und Situationen, die man täglich erlebt, angesprochen und hervorgehoben. Die Sprecherinnen und Sprecher betonen immer wieder, dass wir in den sich täglich wiederholenden, regelmäßigen Aktivitäten viele Lektionen, und viel Energie des Schöpfers, stecken. Dieses Potenzial an auslösenden Faktoren, dieser „Katalyst" oder Katalysator von persönlichem und spirituellem Wachstum steckt in den Alltagssituationen, in denen wir Energie, ebenso auf täglicher Basis, erhalten und sie durch unser Wirken umwandeln zu immer höheren, feineren und komplexeren „Arbeiten" – oder Umwandlungen dieser Auslöser.

Die *tägliche Runde an Aktivitäten*, der Kreislauf des Tages, und seine, möglichst vollständige, Nutzung für spirituelle Arbeit ist ein Konzept welches sich auch im *sadhana*-Aspekt der Yoga-Praxis wiederfindet. Mit diesem Begriff wird im allgemeinen ein regelmäßiger Tagesablauf verbunden, der die Beschäftigungen mit dem spirituellen Aspekt von Sein zu jeder Stunde des Tages in das tägliche Tun einbettet und somit oft als die Voraussetzung gesehen, um mit jedwedem Yoga-Pfad zu beginnen. Es wird auch als ein Element betrachtet, welches spirituell Suchende lange auf ihrem persönlichen Weg begleitet und zu einer Kraftquelle für zukünftige Arbeiten wird.

In der Regelmäßigkeit und Wiederholung von Erfahrungen, auch im Zusammenhang mit den jeweiligen Räumlichkeiten, scheint eine andere Dimension von Erfahrung zur Verfügung zu stehen, deren Gesetzmäßigkeiten zu einem gewissen Teil erlernbar, sicherlich erfahrbar, sind, jedoch in Gänze unsere Vorstellungskraft völlig übersteigen. Ein Hinweis auf diese möglichen Gesetzmäßigkeiten gibt Ra beispielsweise in Das Gesetz des Einen, wo die Wesen von Ra erläutern, dass kleine, seltene Unregelmäßigkeiten bei wiederholt (korrekt) durchgeführten Ritualen, in der Summe der „Gesamterfahrung" zu vernachlässigen sind, bzw. ausgeglichen werden.

Dies lässt den gedanklichen Rückschluss zu, dass es beim Erleben von Erfahrungen, und bei der Umwandlung der darin liegenden Energien, auf eine archetypische Erfahrungen im Zusammenhang des Erlebens über einen längeren Zeitraum hinweg ankommt. Es scheint, also ob auf der metaphysischen Seite von Sein, in Zeit/Raum, nur die archetypische Essenz Bestand hat, oder um es anderes auszudrücken, genügend Gewicht und Schwerkraft besitzt, um eine entsprechende Manifestation oder eine Veränderung von Manifestation auf der „Raum/Zeit"-Seite von Realität zu erzeugen, in der uns sichtbaren Welt.

Die Frage von dem, was tatsächlich ist, und was eigentlich gar nicht wirklich ist, wird in den Begriffen der Sanskrit-Kulturen mit sat (ewig) und asat (nicht existent) besprochen. Die ultimative Antwort auf diese Frage in diesen Begriffen lautet, dass es im Grunde nur zwei Zustände gibt: ewig zu sein oder gar nicht zu existieren. Alles andere, was wir so wahrnehmen, als ob es nicht einem dieser beiden Zustände entspricht, ist Illusion, Maya.

Anmerkungen

In der täglichen Runde an Aktivitäten können wir jeden Tag üben, mithilfe der nicht-gerichteten, hereinkommenden Prana-Energie, diese Energie auf- und auszurichten, um immer mehr auf den metaphysischen, archetypischen und sakramentalen Gehalt von Situationen, Ereignissen und Auslösern zu blicken.

*

Schlagwortregister

Schlagwortregister

Schlagwortregister

Schlagwortregister

Weitere Informationen

Der *Das Gesetz des Einen*-Verlag (Deutschland) bringt zahlreiche Veröffentlichungen in Kooperation mit *L/L Research* (Louisville, Kentucky) heraus. Unter dem französischen Verlagsnamen Maison d'édition *La Loi Une* werden auch die französischen Übersetzungen von Micheline Deschreider betreut.

www.ingramcontent.com/pod-product-compliance
Lightning Source LLC
Chambersburg PA
CBHW081240020426
42331CB00013B/3241